誰のためのアクセシビリティ？

障害のある人の経験と文化から考える

田中みゆき

リトルモア

〝誰もが、なにがしかの欠落を、それと「実質的に同じ」もので埋め合わせながら生きている。その時にどうして、いい、い、、、、それはニセモノなんだ、などと傲慢にも言うべきだろうか。〟

平野啓一郎『本心』（文藝春秋）より

はじめに

アクセシビリティ[1]を「アクセスできること」と考えると、多くの人はそれがどのような状態を指しているのか、実感が持てないかもしれない。なぜならその人たちにとってこの社会の多くのものは、自分たちの意志次第でアクセスできるようにつくられているからだ。開けられないドアはドアではないし、どこにもつながらない道はない。あったとしても、それらの欠陥は多くの人たちのニーズによって淘汰され、遅かれ早かれ修正される。一方、アクセスできない人たちが少数かつ、そもそもアクセスできないことによって体験や情報を得ることすら妨げられている場合は、それらのニーズは対応されるどころか、発見されることすらない。

わたしはこれまで多くの障害[2]のある人と出会い、今も一緒に過ごすなかで、多くの人にとって当たり前の行為が、彼らには保障されない状況を見てきた。たとえば、駅で延々と介助の駅員を待たされ、乗りたい電車に乗れない。突然点字ブロックが消えてしまい、道を失う。暗証番号の入力を人に頼まないとお金を支払えない。その度に、わたしはこの社会の途方もない欠陥に憤りを感じてきた。今のところ障害がないとされる自分が意識もせずにできていることが、いかに彼らにとって入念な準備と、寛容さ、忍耐を求めるものであることか。そして、しばしば好奇の目に晒されたり、プライバシーを手放さなければならなかったりするという現実に。

「アクセスできること」を、「さまざまな身体的・認知的特性にかかわらずモノやサービスにアクセスできるようにすること」と考えてみる。この本を書いている二〇二四年四月には、改正障害者差別解消法が施行され、「合理的配慮」が民間事業者にも義務化された。

内閣府が制定した「障害を理由とする差別の解消の推進に関する基本方針」では、合理的配慮の一例として次の三つが挙げられている。

・車椅子利用者のために段差に携帯スロープを渡す、高い所に陳列された商品を取って渡すなどの物理的環境に係る対応を行うこと。
・筆談、読み上げ、手話、コミュニケーションボードの活用などによるコミュニケーション、振り仮名や写真、イラストなどわかりやすい表現を使って説明をするなどの意思疎通に係る対応を行うこと。
・障害の特性に応じた休憩時間の調整や必要なデジタル機器の使用の許可などのルール・慣行の柔軟な変更を行うこと。

コロナ禍に、家から出られないことや人と会えないことが社会に参加するにあたって大きな支障を生む状態を誰もが経験した。そうして、障害のある人たちが長年必要性を訴えてきたリモートでの授業や職場へのアクセスは、瞬く間に実現した。しかし、多くの人が経験していないというだけで、さまざまな種類やレベルにおいて「アクセスできない」人たちの社会参加は阻まれ続けている。それらのアクセシビリティのなさが障害と捉えられてこなかったのは、この社会が、常に自分の体や精神の状態を社会が求める一定の範囲内に収められる人たちを前提につくられているからだ。

では、アクセシビリティさえ確保されれば、公平な社会が訪れるのだろうか。たとえば、映画館に車椅子席を用意する。もちろんそれは、何もない状態と比べたら大きな進歩だ。でも、それだけで果たして、車椅子ユーザーは車椅子の必要ない人と変わりなく映画にアクセスできていると言えるのだろうか。

たとえば、障害がない人たちは、映画館に行けば自分で好きな席を選ぶことができるが、車椅子席はたいてい一番前か後ろ、あるいは端に固定されている。障害のない人が、その人がその人であるという理由だけで誰かに勝手に席を決められたら、理不尽に思うだろう。しかしそんな事態が、障害のある人には四六時中、休むことなく生じている。

少なくとも、映画館の階段にスロープを付けて終わり、映像に字幕を付けて終わりというだけでは、本当の意味でアクセシブルな社会にはなっていかない。その周辺にはまだ、障害のある人への落とし穴がたくさんあるからだ。映画を観る体験へのアクセスは、映画館の中だけで完結する話ではない。誰かの力を借りないと予約できない、会場にたどり着けない、といったこともその一部だ。

そうやって挙げていくと、アクセシビリティがチェックリストのようにどんどん溜まっていくような印象を受ける人もいるかもしれない。でも答えはシンプルで、たとえば人が「映画を観る」体験にはどういった行為が含まれているかを、マジョリティとは異なる身体を持つ人たちとともに考えることから始めればよいのだと思う。

わたしは、アクセシビリティのままならなさと可能性に惹かれ、活動をしてきた。一般的に、アクセシビリティは、障害のある人がない人にできる限り近づくことを目指して考えられていることが多い。一方で、表現に関するアクセシビリティは、障害のある人がない人と同じように体験するということを超えて、さまざまな違いを持った人が自分の身体で主体的に物事を体験するとは一体どのようなことなのかを考える面白さがある。

それは、たとえば目が見えない人が「ダンスを見る」とはどのような経験なのか、「ゲームをする」という体感はどこから得られるのかといったものだ。アクセシビリティは、障害の有無に関わらず、ひとつの体験の本質を考えることと、必然的につながってくる問いなのである。

そんな時、小手先の対策だけではなく、障害のある人の生きられた経験《lived experience》から学ぶことが多くあるとわたしは思う。アクセシビリティは、ニーズを持つ人をひとりの人間として想像することから始まるのだ。

確かに、機械化や自動化が進み、未解決の問題が山積するこの社会では、障害の有無問わず、あらゆる人の尊厳がどんどん軽く見られるようになっているかもしれない。また、テクノロジーは、障害のある人の生活にも便利さをもたらす一方で、能力主義や効率を押しつけるエイブリズム（健常者の価値観にもとづく差別）を加速させる危険性もある。アクセシビリティを考える過程は、そういった複雑な問題をほどいていくことでもあると思う。その扱う範囲は広大だからこそ、ひとりやひとつの組織で担いきれるものではない。それぞれが、それぞれの方向からできることを積み重ねていくしかないのだ。そしてその先には、いまよりも多くの人が生きやすい社会が待っていると思う。

たとえば映画やゲームのアクセシビリティも、マジョリティがつくったものを障害のある人に伝えようという意図でつけられている限り、エイブリズムから逃れられない。本当の意味で公平な社会をつくるには、障害のある人がモノやサービスの受け手に留まるのではなく、つくり手として参加し、自分たちの物語を生みだしていく必要がある。しかしそれを実現するためにも、マイノリティへの機会の不平等を解消する教育や専門知識へのアクセシビリティが必要になってくる。

これから書くことは、わたしが個人的に出会って交流や協働をしてきた、さまざまな障害のある人たちとの経験にもとづいている。障害のある人がいる環境が当たり前にあったわけではないわたしが、大人になってから障害のある人たちと出会うことで気づいた「障害」という概念の曖昧さ、自分たちの社会が向かう先のこと、人間の逞しさやおかしみについて、アクセシビリティを軸に書いていこうと思う。

アクセシビリティは一筋縄ではいかないし、ひとつの答えがあるわけでもない。敢えて言うなら、答えはひとつではない、ということが答えと言えるだろう。しかし、この本を読み終わる頃に、アクセシビリティの先にいるのが、生々しい身体と経験、文化を持った人間であることを少しでも想像できるようになってもらえたなら、わたしたちはともにアクセシブルな世界に近づくための対話を始めることができるのではないかと思う。

1 日本では、「バリアフリー」が物理的なバリアを超えて「心のバリアフリー」など幅広い範囲において使われているが、海外では「アクセス」や「アクセシビリティ」の方が一般的なため、この本では法令などで明記されている場合を除き、基本的にはそれらを使っていく。

2 障害が個人の心身機能が原因ではなく、障害がないことを前提に社会がつくられていることにより障壁が生み出されている状態と考える障害の「社会モデル」(後述)をもとに、この本では「障害」という表記を使う。社会モデルによれば、障害は個人が責任を負わされるものではなく、社会全体が事実として向き合い、変わっていかなければならないものだと考えるからだ。

目次

田中みゆき、菅 俊一、野村律子『ルール?』(2021年)

1

アクセシビリティの謎

駅までの道

駅までの道を、わたしは一人、早足で歩く。思えばその道をのんびり歩いたことなんて、ほとんどないかもしれない。わたしは家を出るまでの準備にかかる時間の見積りが甘く、昔よりは少しマシになった方だが、いつも気がついたら家を出るべき時間を過ぎている。そのため、少しでも挽回しようと、家を出てからの道のりを急ぐことになるのだ。

今日もいつも通り、駅まであと少しのところで、携帯電話で時間を確認する。何とか間に合うことを確かめ、ふとひと息ついたとき、これから会う目の見えない友人のことを思い出す。

「目の見えない人と一緒だったらこうはいかないな」

目の見えない友人と一緒にどこかに行くときは、たいてい目が見えているわたしの肘の上を持つか、肩に手を置いて歩いてもらうことになる（どちらがよいかは人によって好みがある）。その人は周囲の環境を視覚で確認することができないので、特に混雑した駅などでは、歩いてくる人や柱にぶつからないようにわたしも気を配る必要がある。一人の時は自分の体の幅のほんの少し外側に意識を広げて歩いているとすると、目の見えない人といるときは、その人と自分の二人分の体の幅の外側にその領域がぐっと広がるようなイメージだ。普段そのような歩き方をしていないので、わたしの歩みは自然と遅くなる。その人が転ばないように、足元にも意識を向けて歩く。

その前に、待ち合わせでうまく会えるかという問題もある。相手はわたしを見つけることができないので、わたしが一方的に見つける必要がある。改札が一つしかない駅なら大きな問題にはならないが、二つ以上あった場合、相手がどのルートで来るか確認し、一番たどり着きやすそうな改札を待ち合わせ場所に決める。それでも、その人が進行方向や車両を間違えた場合、正しい改札を見つける手がかりがなく時間がかかることもよくあるし、盲導犬と一緒の場合は駅から目的地までの道中でトイレの時間も必要だったりする。

車椅子の友人は、どこか新しい場所に電車で行くときは、目的地までのルートだけでなく、最寄り駅のエレベーターのある出口の場所を必ず調べるという。エレベーターのある出口はたいてい各駅に一つしかなく、目的地に行くのに都合の良い場所にあるかは運に任せるしかない。グーグルマップなどでは、徒歩でのルートは選べても、車椅子で行きやすいルートはそもそも設定にない。また、どの道も同じように表示されるため、実際の道の状態はわからない。それは、一般的な地図アプリが徒歩での移動が可能な身体を持つ人を基準にしてつくられているためだ。徒歩の場合、少しの段差はまたぐことができるし、ほとんどの人は道幅を気にして道を選んだことすらないだろう。

ある友人は、マップだけでなくストリートビューに切り替えて、通る予定の道の状態を確認してから出発するという。しかし、問題はルートだけではない。駅にたどり着いても、電車の床とホームの間に車椅子では乗り越えられない段差や隙間があるため、駅員に声をかけてスロープをかけてもらわなければ、一人で乗ることができない。駅員は他の乗客の対応などもしつつ、降車駅にも連絡をとりながら、都合のよいタイミングでスロープを持って友人とともにプラットフォームに降りていく。それにかかる時間は友人が自分で決めることはできないため、読めない。そのため、一時間近く余裕を持って出発する場合もあるという。

驚くべきことに、二〇二四年になるまで、ＪＲの障害者割引の電車乗車券や新幹線の車椅子対応座席は、窓口に障害者手帳を見せに行かなければ購入できない状況があった。[1] 多くの人と比べて移動にもより多くの時間や困難が伴うのに、さらに手間をかけなければいけないのだ。これらの状況に共通しているのは、自分以外の不確定要素によって、予定を左右されるということだ。それを踏まえて、障害のある友人たちは、自分の行動がスムーズにいかない可能性をつねに念頭に置きながら、家を出ているのだ。

裏を返せば、わたしが行き当たりばったりに出かけることができるのは、この社会がデザインされた対象にわたしが含まれているからだ。少しくらい遅れても、階段を駆け降りて人混みを擦り抜け、最短速度で電車に乗ることができる。道を間違えても、アプリで検索し直せば、すぐに修正できる。もちろん障害がない人にも、電車が事故で止まったり、工事で出口が封鎖されていたりなど、アクシデントが起こることはあるだろう。でもそれらは一時的なもので、つねにアクシデントの影響を受ける生活が続くわけではない。

車椅子ユーザーであり弁護士のキム・ウォニョンは、テクノロジーによって現実世界と仮想世界、人間の身体が滑らか(シームレス)につながる方向に向かっているわたしたちの社会において、障害のある人は絶えず「継ぎ目」をつくる存在であると指摘する。[2] つまり、多くのことが自動化され、人間の介入を最小限に抑えるシステムができていくなかで、障害のある人の存在は、そこに不備があることを知らせてくれる。それは、テクノロジーが本当により良い方向に使われているのか、省みる機会でもあるのだ。

障害のある人が、あらかじめ念入りに計画しなくても好きなときに新しい場所へ出かけることができるだけでなく、気分によってルートを変えたり、間違えたときに軌道修正したり、気軽に寄り道したり、といったことが可能になってこそ、公平な社会と言えるのではないだろうか。今日は運良く先に改札にたどり着いている友人の姿を見つけて駆け寄りながら、思う。

1 二〇二四年六月現在も、JR東日本「えきねっと」とJR西日本「e5489」のみオンライン対応。ただしマイナンバーカードとの連携が条件となっていたり、車椅子対応座席は二日前までの予約が必要などの制約がある。

2 キム・チョヨプ&キム・ウォニョン『サイボーグになる:テクノロジーと障害、わたしたちの不完全さについて』牧野美加訳、岩波書店、二〇二二年。

一本の脚と、バラバラに上げられた腕

わたしは十五年ほど前まで、障害のある人とほとんど関わりを持つことなく生きてきた。そんなわたしが障害のある人と活動するきっかけとなったエピソードが、二つある。

一つ目は、展覧会を企画し、アーティストやデザイナーなどとともに形にするキュレーターとして仕事を始めてすぐのことだった。二〇〇八年にイギリスで修士課程を終えて帰国し、21_21 DESIGN SIGHTで働きはじめたわたしは、翌年開催予定の「山中《やまなか》俊《しゅん》治《じ》ディレクション『骨』展」に企画担当として関わることとなった。「デザインを構造から考えること」を主旨としたこの展覧会の準備中に、ある動画と出会った。それは、両足に義足を付けたオスカー・ピストリウスが、競技場を走る動画だった。彼は障害のないアスリートを超える記録を出し、北京オリンピック出場を目指していた（しかし、義足が有利に働きすぎているという調査報告が出され、物議を醸した）。その姿は、欠損とはほど遠く、美しかった。わたしたちは彼の走る姿に感銘を受け、義足を製作する鉄道弘済会を訪ねたりしながら、山中さんがデザインしたアスリート用義足のプロトタイプを「未来の骨」として展示することにつながっていった。展示に合わせて、義足ユーザーにトークイベントや、ミッドタウンガーデンを走るデモンストレーションを行ってもらったりもした。

そして数年後、再び出会った義足ユーザーたちにインタビューする機会があった。そのなかに一人の女の子がいた。彼女は生まれてすぐに片脚を腿から切断したが、持ち前の運動神経もあり、片脚での移動に不自由は感じないということだった。ではなぜ義足を付けているかというと、親や周りの大人のためと話してくれた。そして、何気なく言った。

「脚ってなんで二本ないといけないんですか?」

彼女にとっては、物心ついた頃から一本であることが普通で、二本にしているのは大人や世間体、つまり社会の都合なのだ。二本あるのが当たり前と思われているから、という以上の答えを持ち合わせていなかったわたしは、その後もしばらく彼女の言葉が頭から離れなかった。

二つ目は、二〇一四年、毎年十二月初旬にある障害者週間にイベントをすることになり、障害に関する活動のリサーチをしていたときのことだった。わたしはその一環で、ある盲学校を訪れた。その日は、体育の授業を見学させてもらうことになっていた。広い体育館に入ってきたのは、十人ほどの視覚に障害のある生徒たち。壁をつたって、ゆっくりと進んできた。授業はまず準備運動から始まった。前に先生が立ち、その後ろで生徒たちが何となく列に並ぶ。先生が体を動かしながら、口頭で指示を出しはじめた。

「はい、腕を上げて」

すると、生徒たちは、横、上、前と、思い思いの方向に腕を上げたのだ。先生が細かく腕を上げる方向を指示していないのが意図的だったのかはわからない。ただその授業の中では、それぞれが思う方向に腕を上げることが普通のこととして受け止められていた。もしそれが晴眼者だけの授業だったら、生徒たちは先生の上げている方向に腕を上げるだろうし、そうでない人がいたら、ちょっと変な人のように見るだろう。バラバラに腕を上げている生徒たちの光景を見て、わたしは「なんて自由なんだろう」と解放されるような思いに包まれた。その時点では、彼らの社会生活の制限や受ける差別までを含めて想像できていたわけではない。ただ、視覚に縛られないことによって、こんなにも規範にとらわれない複数の可能性が開かれていることに感嘆した。

その後しばらくして、わたしは「障害は世界を捉え直す視点」をテーマに活動を始めることにした。障害が社会の「常識」からはみ出すものであり、それゆえに創造的であると気づかせてくれた数々の出会いがなければ、そのような選択はしていなかったと思う。障害のある人と時間をともにすると、これまで自分がいた世界、あるいは自分自身に対する見方を覆されるような瞬間に遭遇する。わたしは活動を通して、今まで「普通」と刷り込まれてきたことがいかに恣意的なものだったか、「健常者」というものが、数が多いだけでいかに拠り所のない存在なのかを考えさせられてきた。そういった気づきが、わたしがこれまで十年以上活動を続けてこられた理由に他ならない。

「障害は世界を捉え直す視点」には、いくつかの意味を込めている。まず、障害を個人の身体の固有の問題ではなく、社会全体がより良く（面白く）なるための課題と捉える機会をつくるということ。活動当初は、障害が社会（あるいは健常者と言われる人たち）に対してもたらせる視点や価値観の転換に注目していた。しかし、活動していくなかで、それは障害のある人たちに対する搾取なのではないかと思いはじめた。同時に、障害のある人たちも、障害のない人たちの規範に沿うことを周りに後押しされるなかで、自分たちの身体や感覚のユニークさに気づく機会はそれほどないのではないかと気づいた。それからは、活動を通してそのような機会をつくることも心がけてきた。そうして障害の有無を超えて、異なる他者とともに自分の体や感覚を味わう場や時間をつくることを目指している。それによって、さまざまな違いを受けとめ、ともに生きることのできる個人や共同体が少しでも増えていくことを願っている。具体的にどのような活動をしているのかは、後の章で例を挙げて紹介していきたい。

障害は、一つひとつがすべて異なる個別的な現象であるがゆえに、その社会のあり方や価値観を色濃く反映するものだと思う。だからわたしは日本を拠点に活動してきたが、東京二〇二〇パラリンピック競技大会が決まった後、ロンドンパラリンピックを契機に盛り上がりを見せた、障害者による障害者のための芸術祭「アンリミテッド・フェスティバル」の視察に行き、イギリスの障害のあるアーティストやアクセシビリティの実践者たちとも交流するようになった。一方で、パラリンピックを経ても日本国内での障害の受容がなかなか変わっていかないことを感じ、一度この社会を外から見てみようと思った。

そして二〇二二年、わたしはアジアン・カルチュラル・カウンシルという組織の助成を得て、ニューヨークに滞在した。ニューヨーク大学障害学センターの客員研究員として、障害という現象がどのようにつくられているのかを多面的に研究する障害学を学びながら、現地の障害者コミュニティや芸術文化におけるアクセシビリティの調査を行った。アメリカの障害のある人たちから学んだのは、アクセシビリティは障害者コミュニティとともに、つねに「プロセス」にあるものということだった。アメリカにも、もちろん形式的につけられたアクセシビリティも多くある。しかし、コミュニティに向けられたアクセシビリティこそが、アクセシビリティについての理解や実践を深めていた。そして障害のある人たちが、受け手ではなく、つくったり発信したりなど、さまざまな役割を担いながら、惜しみなく方法を公開し、互いに批評しあっていた。現地で出会った障害のあるアーティストや研究者、アクセシビリティの実践者とはその後も交流があり、障害学についても勉強を続けている。

帰国後、わたしはキュレーターの仕事を続けながら、障害者福祉施設で働きはじめた。アメリカで一九六〇年代後半から急速に広まった自立生活運動は、障害のある人が施設を出て福祉サービスを利用しながら地域で自立して暮らすことが目的とされていた。一方、日本でも七〇年代初めに自立生活運動が起こり、地域で暮らす障害のある人も多くいるものの、なかには施設という場があるからこそ、アートの枠を超えてユニークに活動する人たちも少なからずいる。だが、そのことをアメリカで出会った障害のある人や研究者に話すと、まず施設という存在に対して嫌悪感を示され、そこで行われていることは「セラピーであり、アートではない」という微妙な反応をされた。しかし日本には、アメリカとは異なる形で福祉とアートが交差するユニークな領域が、確かに存在していると思う。そのことについて福祉の側から考えてみたいと思った。これまで知的障害や精神障害のある人の表現を展示させてもらったことはあったが、アートというハレの場ではなく、彼らの日常にもっと触れてみたいという思いもあった。

施設での経験は、わたしのアクセシビリティに対する考え方に少なからず影響を与えた。まず、物理的な障壁の除去や情報保障（身体的特性により得られない情報を代替的な方法で提供すること）だけではカバーできない人たちが存在するという認識を持つようになった。たとえば、発達障害や精神障害を持つとされる人たちに向けたアクセシビリティは、音や照明といった環境的な要素や時間の設け方、コミュニケーション方法から整える必要がある。先述した社会の側のルール変更が最も必要とされる人たちだ。それだけでなく、さまざまな要因によって、根本的に方法を変えないと情報が届かない人たちや、アクセシビリティが提供される現場に足を運ぶことができない人たちの存在が、施設で働きはじめてからつねに頭をよぎることとなった。

これらの経験を経て、わたしのアクセシビリティ観は構築されている。そして、その後も実践するなかで、つねに反省を繰り返し、障害のある人たちに育てられ、日々学んでいる途中だ。そんなわたしの個人的な体験を、自分だけの学びに終わらせるのではなく、他の誰かが自分の経験を積み上げるための踏み台にすることができればと思っている。

アクセシビリティって何だろう

「障害者の村」が明らかにすること

「障害者の村」をモチーフにした寓話がある。イギリスの障害学の論者であるヴィック・フィンケルシュタインが一九八〇年代に発表したものだ。[3] そこで描かれているのは、千人以上の車椅子ユーザーだけが集められ暮らすことになった村の話である。障害のない人との交流はなく、車椅子ユーザーが生活のあらゆる面を管理し、教育機関、銀行、郵便局、交通システムなどを運営する。住民にとって車椅子に乗っていることは、日常生活で出会う他の人々と同じであり、メディアで見かけるのも車椅子ユーザーばかりという環境だ。

村で暮らすなかで、車椅子ユーザーは自分たちのニーズに合わせて生活を計画し、自分たちの体に合った建物をデザインし始める。彼らにとって天井やドアは立位を基準にした高さにする必要はなく、次第に車椅子に乗った高さを標準とするようになる。建物や環境は彼らのニーズに調和し、社会はメンバーの身体的な特性に合わせたものとなった。そこからフィンケルシュタインは、物語のさらなる反転を試みる。

すべての調整が行われ定着したとき、この車椅子ユーザーの社会に、数人の健常な体を持つ者がやむを得ず住まなければならなくなったとしよう。当然のことながら、彼らが最初に気づいたのは、ドアや天井の高さだった。彼らはドアの上枠に頭をよくぶつけた。すぐに健常な者たちは額にできた黒いアザで特徴づけられるようになった。彼らは村の医師を訪ねたが、それらの医師も当然ながら車椅子ユーザーだった。やがて、いずれも車椅子ユーザーの医師や精神科医、ソーシャルワーカーなどが、健常な村人の問題に関わるようになった。医師たちは、社会における健常な体を持つ者の痛みや苦しみについて、報告書を作成した。アザや（頻繁に屈んで歩くことによる）背中の痛みは、彼らの身体的条件によって引き起こされている、と車椅子ユーザーの医師たちは分析した。そして、これらの健常な者たちは「機能の喪失または低下」に苦しみ、困難な状態に置かれていると述べた。それが「活動の不利または制限」を引き起こし、この社会で彼らを障害者としている、と。

すぐに、車椅子ユーザーの医師と関連する専門家たちは、健常な体を持つ障害のある村人たちのために特別な補助具をデザインした。彼らは無料で提供される特別に頑丈なヘルメットをつねに着けることとされ、車椅子ユーザーと同じ高さを保つために体を屈めるのをサポートする矯正装具がつくられた。医師のなかには、車椅子を利用しない限りこれらのかわいそうな患者たちに

3 Finkelstein, Vic. "To Deny or Not to Deny Disability - What Is Disability?", Physiotherapy. Elsevier, 10 Dec. 1988.

は希望がないとし、彼らを適切な高さにするために脚の切断を提案する者すらいた。

この村に車椅子ユーザーでない人が住むとき、車椅子ユーザー（この村では健常者）は車椅子ユーザーでない人（この村では障害者）が直面する困難について、社会を変えるのではなく、まずは車椅子ユーザーでない人の体の問題を対処する方向で議論や対策を進める。そして、彼らの体を変えることに解決策を見出す人まで現れる。しかしある時、車椅子ユーザーでない人は、車椅子ユーザーは自分たちが抱える問題を同じ視点で考えたことがないため、解決策を思いつかないのだということに気づく。

健常な体を持つ障害者は、自分たちの問題には社会的な解決策があるのではないかと考え、ドアと天井の高さを変えることを提案した！　彼らは差別に対抗するために組合をつくった。もちろん車椅子ユーザーのなかには、健常な体を持つ障害者が、自分たちの障害を受け入れ適応するのに失敗していると考える者もいたし、彼らが社会の変革と車椅子ユーザーが態度を変えることを強く主張していることに不満を感じる者もいた。健常な体を持つ障害者はさらに、ひょっとすると自分たちの障害は、社会の変化によって克服できる（そして消え去る！）かもしれないと主張したのだ。

この架空の物語は、まさにわたしたちの社会における、障害のある人とない人の立場を反転させたものだ。多数を占める人たちによって集団のルールが決められ、その基準から外れた少数の人たちは〝異常〟で問題があるかのように扱われる。

それは、さまざまな形をとって、わたしたちの社会で今も続けられていることだ。たとえば、耳が聞こえない人に手術をして聞こえるようにするといった直接的な方法、あるいは車椅子ユーザーが利用できない環境をつくることで彼らの参加の機会を排除するといった間接的な方法で。しかしそれらはマジョリティに支障をもたらすものではないため、問題と認識されるどころか気づかれることすらなく、文明は発達してきてしまった。

障害のある人にとっての障壁とは何か

では、障害のある人たちにとって「アクセスできないこと」とはどのような状況なのかを考えてみよう。内閣府が発行する平成七年（一九九五年）版『障害者白書』では、障害のある人を取り巻く四つの障壁が定義されている。

1　歩道の段差、車いす使用者の通行を妨げる障害物、乗降口や出入口の段差等の物理的な障壁

2　障害があることを理由に資格・免許等の付与を制限する等の制度的な障壁

3　音声案内、点字、手話通訳、字幕放送、分かりやすい表示の欠如などによる文化・情報面での障壁

4　心ない言葉や視線、障害者を庇護されるべき存在として捉える等の意識上の障壁（心の壁）

多くの人が障壁として最初に思い浮かべやすいのは、1の物理的な障壁だろう。次に3の文化・情報面での障壁に代替的な方法を提供することを「情報保障」というが、最近では手話通訳や字幕付きの配信や公演などが少しずつ普及してきたことによって、以前よりも意識に上りやすくなったかもしれない。しかし、まだまだ十分とは言えない状況がある。

2については、二十年ほど前まで、視覚や聴覚、精神に障害のある人には、運転免許や特定の職業に就く資格や免許が与えられない欠格条項と呼ばれるものがあった。それは二〇〇一年に見直され緩和したものの、形を変えて残されてきた。また、盲導犬を連れていると入店を断るなど、日常生活でもさまざまな制度が障害のある人の自由を阻んでいる。

4の意識上の障壁についてだが、最も根深いと思う。これがあるために、本来クリアできるはずの1から3の障壁が取り払われないという事例は少なくないだろう。心ない言葉や視線はもちろんのこと、点字ブロックを無視してその上に荷物を置くなど、無意識のものも含まれる。

また、障害のある人が何か新しい挑戦をしようとするときに、「危ないからやらない方がいい」

「障害があると難しいのではないか」などと、他人があらかじめ決めつけて、その人の主体性を軽んじたり、人生の可能性を狭めてしまったりするような言動も含まれるだろう。それは、その障害のある人がどのような調整があれば挑戦できるかを話し合う前に判断されることが多く、能力以前に障害のない人の想像力の限界によって可能性が絶たれてしまう。しかもそれはしばしば悪意なく行われるのが厄介だ。そういった否定的な固定観念（スティグマ）は、個人のなかに内面化されるだけでなく、差別的な社会構造を維持するものだ。

なぜアクセシビリティが必要なのか

障害について考えるうえでの主要な枠組みに「医学（個人）モデル」と「社会モデル」がある。障害はその人の機能障害（インペアメント）が原因であると考えるのが「医学モデル」、その人が社会に参加する障壁を、社会が取り除くことができていないことが原因であるとするのが「社会モデル」だ。どちらが正しいということではなく、心身の特性をないがしろにせず、環境的な要因も合わせて全体をとらえる「統合モデル」が重要と言われる。

そもそも社会のなかで、自分ひとりの力で生きられている人はいない。人とのつながりがなければ、衣食住を満たすことも、多くの仕事もままならないだろう。しかし、社会が障害のない人を前提に設計されている場合、障害のない人にとっては当たり前に複数ある選択肢が、障害のある人にとっては利用できない、あるいは限られているために困難なことが発生する。

たとえば、地下鉄から地上に出るのに、障害のない人には、階段、エスカレーター、エレベーターと三つの選択肢があり、その日の体調や都合によって使い分けることができる。混んでいることはあっても、それらの選択肢が目の前から消え去ることはない。

一方、車椅子ユーザーはエレベーターしか手段がないにもかかわらず、車椅子優先エレベーターでも他の選択肢がある人たちと同じように待つ状況がある。同じ移動をするにしても、身体の違いによって身体的・心理的コストは大きく異なる。障害のない多くの人のコストは制度やテクノロジーによって軽減されているが、障害のある人には十分な対応がないため余計に負担が積み重なっていることは、そこでは考慮されない。

日本では、どんな身体の違いがあっても、他の人と同じ環境や条件で生きることが平等であるかのように考えられてきた。個別の対応があってこそ他の人と平等に社会参加できる人がいるにも関わらず、個別のニーズを訴える人を「わがまま」と捉える傾向が今もある。

しかし、それは平等が都合よく使われているだけに過ぎない。障害のない人は、生まれたときから自分の意思と欲望を持って生きることを否定されることはない。その意思にもとづいて、時にはリスクを引き受け、冒険し、失敗しながら自分なりの人生を選択していくことができる。それは決して障害のない人の特権ではなく、誰もが平等に持っている権利のはずだ。しかし、障害のある人が社会に出て何か活動をしようとすると、つねに例外として扱われ、その理由を説明することが求められてきた。

なぜ障害のない人は興味や気分で始められることが、障害のある人には理由がなければいけないのだろうか。障害のない人が判断する最低限の範囲ではなく、障害のない人が経験しているさまざまな冒険や遊び、一見取るに足らないと思われることにも、本当はアクセシビリティが担保されるべきなのだ。

障害のある人が主体となるアクセシビリティへ

権利と思いやりの違い

アクセシビリティは、障害のある人もない人と同等に社会に参加するための方法であることを改めて振り返りたい。二〇〇六年に国連総会にて今世紀初の人権条約として採択された「障害者の権利に関する条約（障害者権利条約）」は、日本でも二〇一三年に批准され、批准に向けた国内法の整備の一環として、障害者差別解消法が制定された。権利条約の第一条の目的には、次のように書かれている。

「この条約は、すべての障害者によるあらゆる人権及び基本的自由の完全かつ平等な享有を促進し、保護し、及び確保すること並びに障害者の固有の尊厳の尊重を促進することを目的とする。障害者には、長期的な身体的、精神的、知的又は感覚的な障害を有する者であって、さまざまな障壁との相互作用により他の者と平等に社会に完全かつ効果的に参加することを妨げられることのある者を含む」

これを見ても、権利条約が障害の社会モデルにもとづいていることがわかる。また、権利条約のスローガンに「Nothing About Us Without Us（わたしたち抜きにわたしたちのことを決めないで）」

とあるように、障害のある人について決める過程に障害のある人が参加する必要性が強調されている。

権利条約では、「他の者との平等」をもとに、アクセシビリティの他、表現及び意見の自由や情報の利用の機会、文化的な生活、レクリエーション、余暇及びスポーツへの参加についてまとめられている。特に、住まいや就労などと比べると後回しにされがちな文化政策にも焦点が当てられ、障害のある人が利用しやすい形式で文化的な作品を楽しむ機会についても書かれている。

障害のある人がない人と平等に社会に参加できるようにするには、大きく二つの方向性があるだろう。まずは、あらかじめ障害のある人も利用しやすい環境をつくること。それには、ユニバーサルデザインにもとづいた物理的環境の整備や、情報アクセシビリティの提供、人的支援の確保などが含まれる。ただ、権利条約にも書かれているように、ユニバーサルデザインとは、「最大限可能な範囲ですべての人が使用することのできる」設計のため、ユニバーサルデザインに沿って建物をアクセシブルにしたとしても、すべての障害者のニーズが満たされるわけではない。また、「視覚障害の人にはこういう傾向があるからこうすべき」といった障害特性だけでは捉えることのできない個別性が一人ひとりにある。それに対しては、ルールや慣行の変更、意思疎通に関わる対応といった合理的配慮が必要になる。他の人との平等を前提に、そういった個別性に対応することを義務づけたことも、権利条約の特筆すべきところだ。

一方、日本では、一九九四年の「ハートビル法」の名称に始まり、「福祉のまちづくり」「心のバリアフリー」などを見ると、アクセシビリティを「福祉」の問題として、人の「やさしさ」や「思いやり」を拠り所にしてきたことがわかる。それはとても心もとない考え方だと思う。障害のある人の権利や自由、尊厳は、障害のない人の気持ち次第で守られたり守られなかったりしてよいのだろうか。障害のある人は、厚意を持たれるためにつねに努力をしなければならないのだろうか。それでは、障害のない人が優位にある権力構造を温存したまま、障害のない人の自尊心が保たれるに過ぎない。そもそも「合理的配慮」という言葉も、もとの英語は「reasonable accommodation」なので、本来であれば「合理的調整」と訳すのが適切なはずが、なぜか「配慮」という思いやりに近いニュアンスの言葉が用いられているあたりに、問題の根深さを感じる。

「障害者」ではなく、ひとりの人間として

このように、アクセシビリティは、単に車椅子用のスロープや点字、手話通訳などを付ける施策ではなく、人権の問題として考えていかなければいけないとわたしは思う。この社会があらかじめどのような身体でもいつでも自由に移動でき、文化や情報を得ることができ、自分の行為や人生を主体的に選ぶことができるように設計されていたなら、アクセシビリティという概念自体、不要なのかもしれない。しかし現実はそうではなく、障害のない人とは異なる特性を持つがゆえ

に当然の権利を得られない人たちがいる。だから社会全体でアクセシビリティを考える必要が出てくるし、これまで障害のない人たちがつくったルールを変える必要が出てくることも不思議ではない。つまり、アクセシビリティは、この社会により多くの人が参加できるようにすることで、どう社会を公正につくり変えることができるのかという、民主主義に関わる問題なのだ。

そもそも「アクセスできている」とはどのような状態なのだろうか。イベントを例にすれば、わたしたちは、そのイベントが起こっている時間だけ瞬間的に関わっているわけではない。そのイベントの存在を知るところから始まり、事前に情報を得て、チケットを確保し、会場へ向かう。道すがら食事をしたりトイレに行ったりしながら会場に到着し、イベントを楽しむ。その後、他人と意見を交わしたり感想を見聞きしたりすることで、自分の体験が何だったかを反芻する。

つまり、ただ「物理的に足を運ぶことができた」ということは、アクセシビリティの一部に過ぎないとわたしは思う。そのイベントにまつわるあらゆる段階においてアクセシビリティが担保されてこそ、人はそれを受容し、評価し、自分の体験とすることができる。それがひとりの人間としてそのイベントに「アクセスできた」ということなのではないだろうか。そう考えると、アクセシビリティは、単にある物事を体験するその場だけでなく、より多面的で長期的な観点から検討されるべきであることがわかる。

アクセシビリティというと、合理的配慮に始まる社会の要請のもと、「やらないといけないこと」と捉えている人が多いと思う。これまでも、制度のもとで実施されるアクセシビリティは、提供する側の基準でつくられることが多かった。たとえば、駅を一歩出れば途切れてしまう点字ブロックのように、それらのアクセシビリティは、一見アクセスできそうに見えて、ユーザビリティ（使いやすさ）が考えられていないため、アリバイ程度に添えられたものになってしまう。それは、その場だけの対応をしているだけで、アクセシビリティの先にいる障害のある人をひとりの人間として想像することが欠けているからに他ならない。

わたしたちは、一人ひとりがあらゆる情報のなかからその時の条件（時間や身体の状態など）に応じてさまざまな選択をしている。ひとりの人がある物事を体験するときの認知的・経験的な複雑さは、単にある一点だけをアクセスできるようにすることで解決するものだけではない。そのため、ひとりあるいはひとつの組織だけでやっても継ぎはぎとなり、隙間や空白が新たな障壁をつくる。アクセシビリティは、社会のあらゆる場所が連携しながら、つくる人と使う人が一緒に更新していく、終わりのないプロセスなのだ。

一方で、質の問題で立ち止まり普及が進まないくらいなら、完璧でなくてもやってみて、後から質を向上させていくこともできると思う。たとえば、目が見える人なら誰でも、視覚に障害のある人に視覚情報を読み上げる能力を持っている。しかし、人間には感情があるため、遠慮や負担が生まれたり、頼む人と頼まれる人という関係性ができたりしてしまう。そうして停滞しているうちに、人間を追い抜いてＡＩなどのテクノロジーがそういった役割を担いつつある。

アクセシビリティがある程度担保されている土台がつくられれば、障害のある人のニーズにもとづいて「使える」ものや方法が残り、発展していくはずだ。そのためにも、障害のある人が主体となって評価し、改善するプロセスに関わることのできるつくり方が欠かせないのだ。

それは、アクセシビリティが、障害のある人がいまの社会に差し障りなく暮らすためではなく、自由と主体性を持って活動や生き方を選ぶためにあるからだ。さらに言えば、障害のある人を障害のない人の社会に取り込むことが、アクセシブルな社会をつくる唯一の方法ではないともわたしは考えている。そのままでは、障害のない人がつくった規範に障害のある人が従うという構造が変わらないからだ。これまで見てきた通り、アクセシビリティには、単に情報やサービスをさまざまな特性に合わせた方法で提供するといった意味だけでなく、ルールの変更や参加の機会を生みだすことも含まれている。つまり、障害のある人が主体となりつくられるルールや、彼らの活動が増えるためのアクセシビリティも必要だ。それは、これまでの社会のあり方を再考することを迫る、大きな可能性を秘めていると思う。

次章からは、わたしがこれまで出会ってきた障害のある人たちに生きられた経験を聞きながら、彼らが、どのように既存のアクセシビリティと向き合い、自分なりのやり方をつくってきたかについて綴っていきたい。障害のある人に会わなくても何となくできると思えてしまうノウハウを書くのではなく、次に障害のある人と出会うときに、少しでも想像や思考を巡らせられるような回路が生まれるきっかけをつくることができればと願う。

『音で観るダンスのワークインプログレス』撮影：西野正将

2 ― 音声描写との格闘の記録

つくることと見ることをつなぐ音声描写

〔行き交う人々の足音〕
〔自動改札機の電子音〕
〔白杖に付けた鈴の音〕
駅の構内。ＪＲの改札機にタッチして入ってくるサングラスの男性。
がっしりした体型の長身。白杖をつき、長い髪を後ろで束ね、ギターケースを背負う。
システムエンジニアでありミュージシャンの加藤秀幸《かとうひでゆき》。

吊り革に掴まる。
（車内アナウンス）次は荻窪　荻窪　お出口は右側です

駅の構内を点字ブロックに沿って真っ直ぐ歩く。
ブロックの上にいる自転車や子どもとぶつかりそうになる。
（女性１）「ごめんなさい、すみません」

（男性）「中野先生」
（女性2）「あら ごめんなさい」
（加藤）「あっ、すみません」
――

これは、生まれながらに目が見えない人が映画をつくる過程を描いたドキュメンタリー映画『ナイトクルージング』（佐々木《ささき》誠《まこと》監督、二〇一九年）で、主人公である加藤秀幸さんの日常をとらえた最初の場面だ。〔 〕の中は映画の中で聞こえてくる音の情報を、（ ）はその後に続く台詞の話者を示しているのが通常の字幕との違いで、ろう者・難聴者向け字幕である。そして、何も付いていない文章は、視覚に障害のある人に対して視覚情報を補助する「オーディオディスクリプション（音声描写）」で読み上げられる内容だ。映画では、視覚に障害のある人は、〔 〕の中の音と台詞、音声描写を聴きながら映像を見る。

読みながら、どのような情景が浮かんできただろう。〔行き交う人々の足音〕〔自動改札機の電子音〕から、何となく都市の駅を想像するかもしれない。時間や季節の情報は読み取れない。〔白杖に付けた鈴の音〕から、視覚に障害のある人が近くにいることがわかる（実際には鈴を白杖に付けているのか、別の持ち物に付けているのかは、音からはわかりようもないが、ここではこの後に続く加藤さんの描写につなげるため、そのような書き方になっている）。

駅の構内の改札を抜け、加藤さんが入ってくる。大柄で長髪、サングラス姿の加藤さんがギターケースを背負っている。「システムエンジニアでありミュージシャン」というのは、字幕で表示される情報でもある。次のカットでは、車内の映像に切り替わる。アナウンスから、東京の荻窪方面に向かう電車に加藤さんが乗っていることがわかる。そして次のカット。加藤さんが電車を降り、駅の構内に出てきたようだ。ぶつかりそうになった子どもの保護者に謝られている。他にも点字ブロックの上には人がいたようだ。加藤さんもひと声かけ、歩いていく。

音声描写は、視覚に障害がある人に対して、映画や映像に含まれる音や音声だけでは得られない視覚的な情報を、音声で伝えるナレーションのことを指す。映画では、完成した映像に対して後から付けられることがほとんどのため、台詞と台詞の間をぬって言葉を差し込んでいくことになる。『ナイトクルージング』の音声描写の原稿はわたしが書いたのだが、今回の例で言うと、加藤さんが改札を入ってくるところから車内の映像に切り替わるまでに、できる限り加藤さんの特徴を伝える必要がある。そのため伝えるべき要素を最低限に絞り、他は泣く泣く省いている。

たとえば、わたしが見てその他にわかるものを書くとこうなる。加藤さんはレモン色の半袖のポロシャツにハーフパンツ、周りの人も半袖を着ていることから、季節は夏だろう。加藤さんは単に髪が長いだけでなく、背中の真ん中くらいまである長髪で、眉の上で切り揃えられた前髪があることで、見た目のインパクトは強い。加藤さんは腰にブルーのシャツを巻いていて、冷房で寒いときにそのシャツを着ようとしている注意深い人であることも感じられる。明るい構内で周りを歩いている人たちは、高齢者や子どもを連れた女性が多く、みんなラフな格好をしていることから、休日か平日の日中だろう。その後、加藤さんの後ろを会社員らしき人が通り過ぎ、制服姿の女子高生が階段を上がっていったことから、おそらく平日の日中。改札を入ってくる加藤さんの後ろには、「KINOKUNIYA」という大きな看板があるスーパーが見えるため、おそらく関東である。

ここまでの映像は、たった十五秒。どんなに早口でも言い切れない。目が見えるということは、多くの視覚情報を、一つひとつ事細かに記憶していなかったとしても、全体をざっと見て雰囲気を掴むことができることだ。一方、音声を聴くことは、普通は一度に複数の情報を受け取るのは難しいので、ひとつずつ直線的に情報を得ることになる。そのため、限られた時間のなかで言える情報量には限界がある。そのなかで、どうしても削ぎ落とされてしまうのは、加藤さんの腰に巻かれたシャツや、爽やかなポロシャツのレモン色、切り揃えられた前髪などの、「余分な」部分になる。

盲学校の体育の授業から目が見えない人の感覚をもっと知りたいと考えたわたしは、とある「音声ガイド制作者養成講座」に通うことにした。その講座に通うのは、プロとして仕事をする前の人たち、つまり音声描写のルールや慣習に染まっていない人たちだ。毎回各自が部分的に書いてきた原稿をクラスで発表するのだが、一人ひとりの癖ある描写が披露されるその時間が、わたしはとても好きだった。登場人物の顔の表情にこだわる人、服などの色を言いたい人、性格や心情など見えていないものまでふんだんに盛り込んでしまう人。

普段目が見えていると、何となくみんなが同じ情報を共有したつもりになっているけれど、見えているものを描写するとこんなにもバラバラなのかと気づかされる。それは新鮮な体験だった。見えていても、それぞれに見ているところや解釈が違うということが、音声描写を介することでより鮮明に感じられた。

音声描写は、元々はボランティア団体の活動の取り組みから始まり、発展してきた。近年では大手の映画会社やNetflixなどの配信プラットフォームが積極的に取り組みはじめ、認知度も高まりつつある。しかし、その呼び方は「音声ガイド」「音声解説」「解説放送」「副音声」などさまざまな名称が混在する。さらに紛らわしいのは、その中に視覚情報を考慮したものと、まったくしていないものがあることだ。

この本では、もとの英語である「Audio Description」の最も素直な訳である「音声描写」と書くことにする。日本で最も普及しているのは「音声ガイド」かもしれないが、アメリカでは、「音声ガイド」は視覚情報を含めず作品の背景などを解説するもので、「音声描写」と二つ用意されていることもある。また、「音声解説」はこれから説明する音声描写の趣旨に合っていないと思う。

音声描写には世界的に標準化されたルールはないため、メディアや制作者によって、描写の仕方にも幅があるのが現状だ。しかし、視覚に障害のある人のフィードバックをもとに発展してきた分野のため、各国でつくられた音声描写に大きなズレがあるわけではないのが興味深い。また最近では、音声描写は発達障害など認知機能に障害のある人にも有効と言われている。多くの視覚情報を短い時間で処理するのが困難な人にとっては、視覚情報の補助として聴覚情報があることが助けになるようだ。

わたしが音声描写の原稿を書くときに留意している点をおおまかに伝えると、以下のようになる。

（1）目が見える人（晴眼者）と同等に映像を楽しめるようにする
（2）音から得られない情報を描写する
（3）場面転換が音と連動していない場合は、変化したことを伝える
（4）できるだけ見たままの客観的な情報を伝える
（5）映像との同時性を担保し、晴眼者と同じタイミングで体験できるようにする
（6）聴いている人が想像できる余白をつくる

（1）最も重要な音声描写の目的は、視覚に障害のある人が目が見える人と同等に映像を楽しむためのサポートをすることだ。視覚に障害のある人により多く情報を提供したり、映像の解説をするのではなく、一般の晴眼者が見て受け取る情報を伝える。
（2）そのためには、音から得られない情報は何かを、まず考える必要がある。たとえば、音を

立てない動作や表情の変化、モノの佇まいや景色、表示される文字情報などは、描写しない限り、視覚に障害のある人のイメージのなかでは、存在しないのと同じだ。一方、音を聞けばわかるような情報、たとえば目覚まし時計の音が鳴っているときに、「目覚まし時計が鳴る」というのは音声描写には含めない。視覚に障害のある人は、晴眼者よりも映像の中の音同士の因果関係に注意を払うことで、能動的にイメージを立ち上げている。逆に情報が多すぎる方が、映像の邪魔になるという意見もある。

（3）　また、映像の世界は、必ずしも場面転換が音の変化とともに丁寧に知らされるわけではない。同じBGMのまま場所が変わったり、妄想や回想が挿入されたりすることも少なくない。そのため、場所や時の変化は必ず伝える必要がある。これについては、時代や表現方法の変化、映像技術の発展に伴い、描写のあり方も変わってくる部分だろう。

（4）　原則として音声描写は、できる限り「客観的」な情報を伝えることとされている。たとえば「美しい」と思ったとしても、それをそのまま伝えてしまっては、制作者の主観を伝えることになる。また、生まれつき目が見えない人にとっては、そもそも美という概念がなかったりする。その美しさが、映像を見ている多くの晴眼者が受け取る物語に必要な情報だとするならば、音声描写は、何のどのような状態を見てそのように感じられるかを伝えるべきである。たとえば、「水平線に沈む夕陽が海に反射している」といったふうに。

しかし、何をもってその描写が「客観的」と言えるのかは、とても難しい。誰かのフィルターがかかって選ばれた情報は、その時点で客観的ではないとも言える。その時に頼りになるのは、見えている情報の奥にある、つくり手の意図を考えることだ。一つひとつのカットには、監督の意図が込められている。人物やモノが映されることには、何らかの意味がある。アップで映されれば、それはその場面や映画にとって重要な意味があるだろう。引きになれば、舞台設定や被写体同士の距離感を伝えているのかもしれない。そのため、監督や演出家など、つくり手とともにつくることが重要だ。音声描写は、見えている情報を、その背後にある見えない意図を踏まえながらつくるものなのだ。

(5)　わたしが音声描写をつくる過程でとりわけ興味深いと思っているのは、映像との同時性を担保するということだ。たとえば、映像の中で、観客が笑うことを意図してつくられた場面があるとする。その時、音声描写が先に情報を出してしまうと、晴眼者よりも先に情報を知ってしまう「ネタバレ」が起こる。一方、描写が遅れてしまうと、晴眼者が笑った理由を後から知ることになり、置いてきぼりな感じを味わわせてしまう。そうならないように、音声描写は晴眼者と同じタイミングで笑えるような土台づくりを行わなければならないとされている(もちろんそこで笑うかは本人の自由として)。そういう意味では、映像との同時性だけでなく、体験の同時性を担保すると言った方がよいかもしれない。

(6)　目が見えない人に視覚情報を伝えるというと、映っているものをできる限り多く描写しようとして、間を言葉で埋め尽くしてしまうことがよく起こる。でも、視覚に障害のある人は映像を見にきているのであって、音声描写を聴きにきているわけではない。そのため、物語を把握するのに必要な情報を描写し、できる限りもとの映像が持っている音を味わう余白をつくることも重要とされる。一番良い音声描写は、その存在に気づかないくらい映像に没入できるものと言われている。

このように見ていくと、音声描写について考えることは、映像について考えることと必然的につながってくることがわかるだろう。これは音声描写に限らず、ろう者・難聴者向け字幕でも同じと言える。音声描写の考え方とは逆で、音の表現に意味や意図が込められていることは多々ある。たとえば、後ろから話しかけられて振り返るといった音と動作の因果関係が表されることもあれば、視覚から伝わる情報とはまったく異なる音が意図的に付けられていることもある。字幕では、そういった物語や映像の意図を理解するために必要な音の情報を、映像のリズムを崩さないように挿入する技術が必要になる。見えているのだから洋画の字幕のように会話の内容がわかれば十分ではないかと思う人もいるかもしれない。しかし、洋画に付けられた字幕には、話者の表記や音情報は含まれておらず、内容はわかっても映像の展開や意図を把握しきれない。一方で、文字を追うだけで終わってしまうほど情報を詰め込んでしまうと、映像を味わう余白がなくなってしまう。字幕は、ろう者・難聴者に音について教えるものでは決してなく、あくまで彼らが映像を楽しむために必要な音の情報を伝えるものなのだ。

音声描写やろう者・難聴者向け字幕のもうひとつの難しさは、障害のある人が多様であることにある。たとえば生まれつき目が見えない人と、大人になってから失明した人では、必要な情報の量や質が異なる。また、ろう者や難聴者についても、音楽については自分には関係ないという人もいれば、できる限り詳しく知れる方がイメージがわく、という人もいる。しかし、最終的に納品される音声描写やろう者・難聴者向け字幕は、映画や映像の場合は基本的に一種類だ。つまり、どんな見え方や聞こえ方の人にも対応した最大公約数的なものが目指される。制作者は、これらの制約のなかでその映画の世界を伝えるべく、できる限り多くの視覚や聴覚に障害のある人が晴眼者や聴者と同じものを体験できるよう、さまざまな工夫を原稿に込めている。

人の数だけ見方や聞き方があるのは、視覚障害や聴覚障害に限った話ではない。障害だけがその人を形成するのではないことと同じように、育った環境や教育、趣味や交友関係など、さまざまな要素で人はつくられる。それらの背景をもって人は映像を体験して、その意味を解釈したり感想を持ったりするのだ。しかし、普段そのことについて意識する機会はほとんどない。

では、わたしがそれまでに盲学校や音声描写の講座で体験した、それぞれバラバラの視点をひとつの体験の異なる可能性として肯定し、楽しむような場は、どのようにすればつくれるのだろうか。そんなことを考えていたのが、『音で観るダンスのワークインプログレス』の始まりだった。

音で観るダンスのワークインプログレス

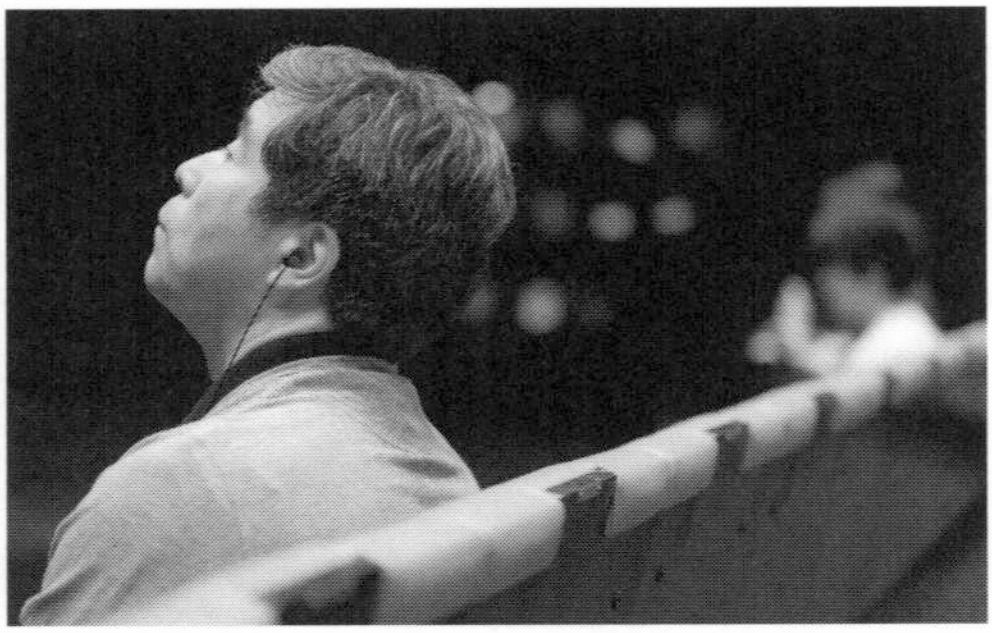

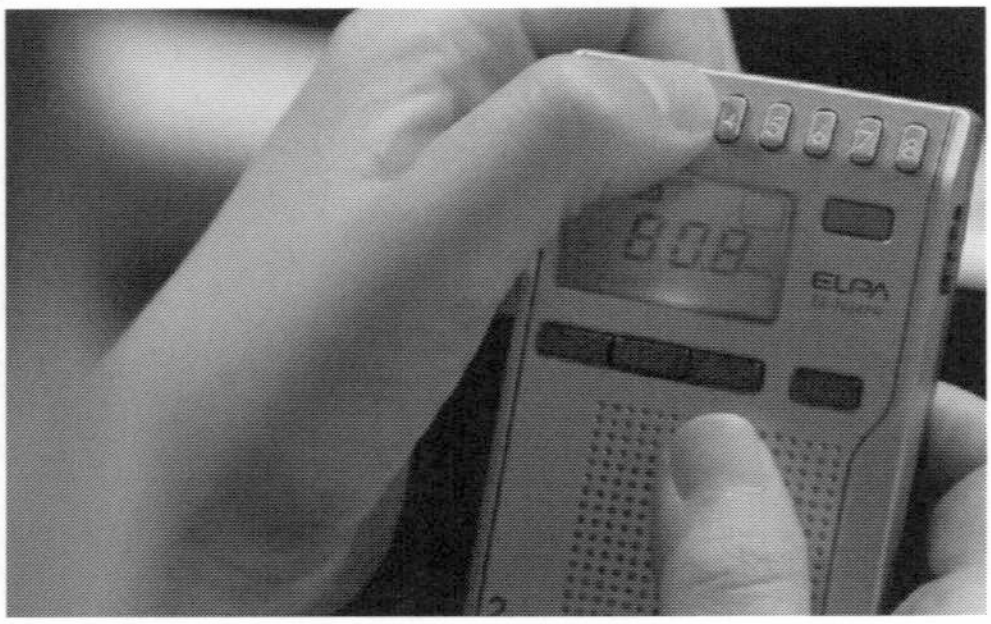

音声描写は、視覚情報を音声で置き換えることで、鑑賞する人の頭の中にさまざまなイメージを浮かび上がらせる手法です。そんな音声描写をダンスという身体表現につけるとしたら、どんなイメージや体験が生まれるでしょうか。それは、より多くの人が身体表現を楽しめるようになる状況をつくるだけでなく、視覚の有無を超えて、ダンスの新しい見方にもつながるのではないか、というのが今回の試みです。　（告知文より抜粋）

プロジェクトの記録映像やテキストは、以下のウェブサイトから見ることができる。
『音で観るダンス』ウェブサイト：https://otodemiru.net

ダンス出演：捩子ぴじん
音楽：星野大輔（サウンドウィーズ）
企画・ディレクション：田中みゆき
制作：澤藤歩
主催・企画制作：KAAT神奈川芸術劇場
撮影（52～68頁）：西野正将

音で観るダンスとは何だったのか

音で観るダンスのはじまり

創造性を引きだす触媒としてのアクセシビリティ

映画からオーディオディスクリプション（音声描写）に興味を持ったわたしだったが、同時に難しさも感じていた。それは、先に書いた通り、映画の音声描写は、音や台詞の間をぬって差し込まれるため、もともと映画が持っている時間に依存してしまうということだ。たとえば、映画だと、ある場面でいくら背後に映っている景色が美しかったとしても、他に重要な情報があるためにほとんど描写できないこともある。

では、決められた時間に沿って直線的に物語を伝えることを目的にしていないダンスであればどうだろう。そもそもダンスは抽象的なイメージをつなげていくものだから、たとえばずっと景色の描写をするような試みもできるのではないか。そう考えたのがダンスを選んだ大きな理由だった。

また、映画の上映形式だと、音声描写は一つにすることが求められる。そうではなく、いろんな人の見方を表した複数の音声描写をつくるとしたら、それらを聴きながら見ることをあらかじめ組み込んだ「上演」形式にするのはどうだろうか。そうすることで、音声描写の可能性が開けるのではないかと考えた。つまりこのプロジェクトでは、情報保障としての役割を担保しながら、創造性を引きだす触媒としてアクセシビリティを扱うと決めたのだった。

何度も見ることで見えてくるもの

たった数秒の出来事でも、一度見ただけで何がどのように起こったか、それを見ていない人が思い描けるように伝えるのは難しい。実際に音声描写を書くときは、十秒の映像でも、何を描写すべきかを考えるために、何十回も見ることになる。それだけ見ていくと、最初に印象に残ったものとは違うところが徐々に目に入ってきたり、主な要素とは関係のない小さな変化に気づいたりする。そうするうちに、イメージが多面的になっていく過程を味わうことができるのだ。このプロジェクトでは、何十回は無理だとしても、何度か見るという体験を観客とも共有するような場をつくれたらと考えていた。通常、舞台芸術に限らず、あらゆる表現の世界では、完成した状態を一回上演するのが当たり前とされている。そうではなく、同じダンスを何度も見る体験をしたうえで、それぞれの観客が抱いたイメージを共有する時間も上演に含められないかと考えた。

「ワークインプログレス」とは、芸術の世界でしばしば使われる言葉で、まだ制作中の作品を公開することを指す。このプロジェクトにその言葉を使ったのは、その意味もあるが、もうひとつの意味もあった。鑑賞する人が違えば、違う見方やイメージが生まれる。なのでひとつの正解にはたどり着かないし、音声描写は永遠に完成しない。そのことが重要だと考えたからだ。

見ることを解体する

その当時、わたしは、ダンスを見るのが得意ではなかった。バレエやヒップホップなど、技術が見てわかりやすいものはまだしも、特にコンテンポラリーダンスといわれる、決まった形のないダンスについては、どう見ていいかわからないと思うことも少なからずあった。「他の人は一体何を見て楽しんでいるんだろう」と思っても、それを共有する機会は、ごく親しい人との間や批評家のテキストを読む以外になかった。

そのうえわたしには、そのようなダンスが、現代美術のように歴史やルールを知っている人だけが楽しめるものに見えていた。しかし、ダンスは同じ振付でも、踊る人が違えばまったく違うものになるし、その時起こっている現象は、振付よりも多くのことを伝えている。わたしたちは視覚に頼り過ぎていることによって、ダンスそのものを受け取りづらくなっているのではないだろうか。そんな思いがプロジェクトにつながっていった。

ダンスを描写する、ということを考えたときに、バレエのように、ポーズで体の向きや腕や脚の位置が説明できるものは、比較的始めやすいだろう。でも今回は、そういった型や決まりがないダンスを扱うことにした。そうすれば、描写する人の見方や経験、感覚によって、人の数だけ描写ができ、正解がなくなるはずだ。晴眼者を含めて誰もできないことの方が、その描写が合っているか間違っているかという答え合わせの先に行けるのではないか、と考えた。

つまり、このプロジェクトの目的は、視覚に障害のある人が晴眼者と同じようにダンスを鑑賞できるようにすることではなかった。そうではなく、目が見えていても何を受け取っているか曖昧なダンスという表現を「音で観る」ことによって、見方がひとつではないことを体感すること。そのようにダンスの見方の多様性を共有することによって、見えているものを縛る規範から離れる時間がつくれるのではないかと考えた。それは、ダンスを見ることの間口を広げると同時に、(ダンスの外でも)見方が異なる他者の存在を想像する機会になるのではと思った。

ここからは、同じダンスの音声描写に向き合い続けた三年間で得られた経験について、書いていきたい。一見このプロジェクト固有の気づきに見えるが、他のアクセシビリティの現場にも共通するものがありそうなことについて、語っていきたいと思う。プロジェクトは多くの視覚に障害のある人に参加してもらいながら進んでいった。そのなかでも三年間を通して、時に鑑賞者、時につくり手となって参加してくれた、岡野宏治《おかのこうじ》さんの発言に焦点を当てながら書いていきたい。

アーティストに見えている観客

まず、プロジェクトをともにするアーティストとして、捩子《ねじ》ぴじんさんを選んだ。捩子さんは、低い重心や歪んだ身体を特徴とし、西洋的な美学へのアンチテーゼとして生まれた「舞踏」をルーツに持つ、優れたダンサーである。捩子さんは、自ら実験的なダンスや演劇公演を主宰するなど、企画者としての顔も持っていることも大きかった。当時はいまよりもアクセシビリティの話題も圧倒的に少なかったなかで、自らの作品を説明されることを好まないアーティストも少なからずいるだろうことを考えると、捩子さんなら面白がってくれるのではないかと思えた。

快諾してくれた捩子さんは、この話を受けて、「しまった」と思ったそうだ。「今まで自分のダンスの観客のなかに視覚に障害のある人がいることを考えたことがなかった」と。きっといままでも多くのつくり手がそうなのだろうと思う。しかし、その後このプロジェクトは、捩子さんのアーティストとしての許容力と柔軟さによって支えられていった。

プロジェクトは、捩子さんがダンスをつくるところから始まった。捩子さんは今回のダンスのなかで、タップダンスのように足音を出したり、要所要所で手を叩いて場所を知らせるといったことは行わなかった。敢えて音でわかる要素を抑えることによって、観客は感覚をより研ぎ澄ませる。振子さんは、「身体の動きと音声描写が互いに支え合って観客のなかに『ダンス』として入っていくことが重要」と考えたためだった。その考え方をもとに、ダンスがどのようにテキストに翻訳されるのかを想像したり、敢えて言葉にしづらい動きを取り入れたりしながら、振付ができあがっていった。

研究会の成り立ち

プロジェクトを始めた二〇一七年当時、音声描写の付いたダンス公演は、ほとんど例がなかった（いまでこそ演劇に音声描写が付けられる例は増えはじめているが、ダンスはまだまだ例が少ない）。そこで、このプロジェクトでは、視覚に障害のある人と晴眼者で研究会を立ち上げ、ダンスはどのように描写できるのかを議論しながらつくっていくことにした。

一年目は、それまでに行ったいくつかのワークショップに参加してくれた人や募集を経て、視覚に障害のある人五人、晴眼者五人ほどを中心に進めていった。晴眼者には、映画の音声描写に関わる人、舞台芸術のプロデューサー、アーティスト、ライターなどさまざまな人がいた。研究会は劇場にあるスタジオを二つに分けて行った。振子さんと一緒に体を動かしながら振付を踊るチームと、事前に録画したダンスの映像を見ながら音声描写のテキストをつくっていくチームが、同じ場所を共有しながら作業を進めていった。そして毎回一日の終わりにそれぞれの進捗を共有し、その二つがどう交われるのかを見つけていきたいと考えた。

研究会を始める前に、いくつか決めていたことがある。ダンスは一〇分程度で、明るい状態と暗い状態で何度か繰り返し見せるということ。音声描写は三種類つくること。二種類だと、どちらが良いかという議論になってしまうのではと思ったからだ。そのうち一つは、振子さんに自分で自分の踊りを説明するテキストを書いてもらい、もう一つは、能楽師の安田登《やすだのぼる》さんにお願いした。安田さんは、天岩戸伝説[1]を参照し、「日本の踊りは暗闇ではじまったのではないか」という仮説のもと、目を使わずにダンスを感じるような音声描写をつくりたいという野望を話してくれた。そして研究会では、客席から舞台上に見えるものを描写する、いわゆる情報保障としてのダンスの音声描写をつくることを目指すことにした。

比喩があるから自由になれる

まず、ダンスの冒頭に対して、参加者の一人がつくってきたテキストを読んだ。

「舞台左奥に、男がひとり、にこやかに体を揺らしている。振子ぴじん。だらりと垂らした両手を前後に振り、軽くジャンプしながら前進。客席に向かってくる。(中略)ずっと聞こえているのは、裸足で舞台を踏む音。一見、準備運動にも見える動きだが、結界を張っているのかもしれない。(中略)舞台中央へ。何かを探しているのだろうか。そこから盆踊り、奴踊りなどの周辺を彷徨い、体が年を経る。（後略）」

中途失明の岡野さんは、「想像してたよりも良いというか、意外とイメージできるものだと思った」と言った。思いがけない反応に、一同表情が明るくなる。しかし、すぐに率直な感想が続いた。「かもしれない」という言い方は、余計な思考を強いられるので頭に入ってこない。そして姿勢の描写が途中からなくなったので、追えなくなった。「結界を張る」という表現は動きがイメージしやすかったが、「年を経る」は何の動きかわからなかった。「踊りが死に向かっているようなイメージを持ち、そういった表現を入れた」という作者に対しては、「もしだんだん老いていく様子を伝えたいなら、重心が下がって背中も丸まったりしているような姿勢の描写を入れてもらう方がイメージできる」。

岡野さんいわく、比喩がまったくないと受け取れる意味が少なく、動き自体はわかるけれどイメージできない。比喩は個人の視点だが、それがあることを許されたところで、聴いている方も少し自由になれるという。だから楽しむということを考えたら、主観を抑えた説明よりも、感想や比

1　太陽の神であるアマテラスが天岩戸に引き籠ってしまったことで、世界は闇に包まれた神話を指す。最終的にアマテラスが出てきたのは、アメノウズメの舞を見た周囲の盛り上がりがきっかけではないかという説がある。その際、太陽の神が隠れていたと考えると、「アメノウズメによる日本最初の舞は暗闇で舞われたのではないか」と安田さんは語った。

喩などの〝遊べるアイテム〟を置いてもらった方が面白い、と。岡野さんは、見えていた頃にさまざまな舞台公演を楽しんでいた。視覚がなくなって一番残念なのは、動きを見て、理屈ではわからないけど「すげえ！」というのが感じられなくなったことだと言う。つまり、言語化できない、感動や喜びを喚起する象徴的な要素が感じられなくなってしまったそうだ。

音声描写は、客観的であるべきと言われる。しかし、伝えるべき情報が身体そのものである場合、何をもって客観的と言えるだろうか。また、岡野さんの指摘にあるように、比喩というかたちで誰かの視点が入ることによって、聴く人も「理解しよう」とするのではなく、その上に別の想像を膨らませるような回路が開かれる作用があるのかもしれない。

矛盾する要望と環世界

捩子さんと踊るチームは、目の見えないメンバー三名に捩子さんが自分の身体を触ってもらいながら振りを伝授していた。コンセプトは、「目の見えない弟子が来たときにどうやって踊りを教えるか」。身体を水が入った袋にたとえ、その水袋が上下するイメージでバウンドしたり、移動したり、かと思えば揺れが激しくなって痙攣《けいれん》する。

「ダンスを見るのは特殊な回路。その面白みがあるとすれば、椅子に座りながらにして、目の前で踊るダンサーの身体の動きを観客がなぞったり、その動きを見ることによって自分の身体にあるノリが生まれたり。音楽のライブを聞きに行くのとそんなに変わらない」と話す捩子さん。すでに捩子さんの音声描写のコンセプトがそこにあった。

興味深かったのは、踊るチームとテキストを書くチームの意見が、しばしば食い違ったことだった。一日の終わりにその日にできたところまで音声描写を共有すると、「そのテキストではこのダンスの良さが伝わらない」と踊るチームのメンバーから大きな違和感が投げかけられた。

そのことについて岡野さんは、体感でダンスを経験しているグループと視覚で経験するグループ、それぞれの「環世界」[2]が違うからではないか、と言った。ダンスを体感で経験しているグループは、筋肉や腱、固有感覚といった感覚情報によって自分の内側からダンスを感じていたのに対し、視覚で経験するグループは、外側から感じていたのだ。それは興味深い齟齬《そご》だったが、情報保障としての音声描写を書くにあたっては、やはり「見えるもの」を軸に動きを描写し、踊るチームの発見を取り入れる方向に進んでいった。

余白と想像力

その後も、研究会は三回ほど続き、議論は白熱した。たとえばある時は、沈黙の扱い方が話題

2　生き物がそれぞれに固有の感覚をもって主体的に構築している世界のこと。詳しくは一四二頁参照。

研究会の様子。振子さんと脚を広げるメンバーの後ろでテキストが検討されている。

にのぼった。一〇メートルほどの舞台を飛び跳ねながら横断する間、一度「飛び跳ねていく」と言えばそれでいいのか。横断する間、繰り返す必要があるのか。それについてもさまざまな意見があった。「沈黙の部分が不安になる。無言の状態が暗転に感じるから。沈黙は五秒か六秒が限界だと思う」と岡野さんが言う一方で、自身もパントマイムを実践する全盲の金子聡《かねこさとし》さんからは、「沈黙のなかには、恐怖以外に、小説でいえば行間みたいな役目があると思う。本番は舞台の足音を聴ける環境にあるので、それを邪魔しない方がいいのでは」という声もあった。

映画の音声描写でも、言葉が矢継ぎ早に続くことには、視覚に障害のある人から否定的に捉える意見が多い。今回も、「言葉がないと置いていかれてしまう」という声もあった一方で、「脳が処理できる情報には限界があるので、イメージして自分のなかに落とし込むのが追いつかなくなると、言葉をかぶせられるのがつらくなる」という意見もあった。

実際に体験して初めてわかることもあった。たとえばダンスの後半で、立った状態から数分かけてじりじりと腰を落とし、床にお尻をつける場面がある。それを描写するのに「ゆっくりと身体が地面に沈んでいく」だけでは、その凄さが伝わらない。では、腰と床の縮まる距離を「八〇センチ…五〇センチ…」など、スポーツ実況のように具体的に示してみる。すると、中途失明の難波創太《なんばそうた》さんからは、「数字を言われると想像する余地がない。違う表現も聞いてみたい」とリクエストがあった。そこで、捩子さんと一緒に足を揃えたまましゃがむ動作をしてみることになった。見えていてもわからない、後ろに倒れないようにゆっくり体重を移動することの難しさ。やってみることで初めて、視覚の有無を超えて「凄さ」を共有した。

ある時は、晴眼者から感嘆の声が上がった。幼い頃に失明した田中正子《たなかまさこ》さんの発言に対してだ。正子さんは、音声描写を聴きながら「わたしは舞台の上で捩子さんの後ろにいました」と言う。目が見えていると、舞台公演は客席から見るものという視覚的な固定観念を拭うことは難しい。晴眼者からは、「そんな見方ができるなんて羨ましい」という声が上がった。「視覚がないことで正面の優位性がなくなるという状況ができているのは嬉しい」と捩子さんも頷いた。ダンスに視覚以外の方法で関わること、それがもたらすことの自由さを感じられた瞬間だった。

三つの音声描写

こうして、一年目の三つの音声描写がつくられていった。改めて整理すると、1 捩子さんが自分の踊りや体の状態を描写したもの。2 研究会による情報保障としての音声描写。3 安田登さんによる舞台を自分の体に見立てた音声描写。安田さんの描写は、「聴いた人の体内ですべてが進んでいく」というのをコンセプトにつくられた。それぞれの始まりの部分を少し紹介したい。

1
体は水が入った袋
水の中に内臓や骨が浮かんでいる
頭のてっぺんを糸で吊られている
糸が引っ張られて体がバウンドする
体の中の水が揺れる

2
舞台の左奥に立つ、捩子ぴじん
グレーのTシャツにジーンズ、裸足
両腕の力を抜き、足を軽く開いて
膝を柔らかく曲げながら跳ねる

3
わたしは部屋である
わたしの中に何やら異物が迷い込んだらしい
右の腰のあたりに痛みを感じる
やがてそれは蠢き始める

それぞれの視点の違いが感じられただろうか。もうひとつ、その少し後に、舞台左奥にいた捩子さんが跳ねながら少し手前に進んでくるところの描写を取り上げたい。

1
関節を柔らかく　波打つ皮膚を感じる
水の重さで 粘るように床から足が離れる
リズムを聞く 体に響く水滴
足音を意識する 水分を含んだ重さ
リズムに重なる 重ならない
タ たタ たた
タ たタ たた

2
同じ姿勢で跳ねながら、
少しずつ手前に、移動してくる
重心を下に、放るように跳ねている
舞台手前で、移動が止まる
だんだんと、跳ねる高さが小さくなっていく

3
飛び跳ね、飛び跳ね、
跳ねていくかと思うとやがてェ
止まりながらも
飛び跳ね、飛び跳ね、
飛び跳ね、飛び～

捩子さんの描写1では、ダンサーが皮膚の動きを感じたり、足音を意識したりしているなかで、音楽のリズムと身体のリズムとの関係性にも注意が向いている。一方で、研究会の描写2では、脱力した飛び跳ね方など、

舞台上に見えている動きと位置の変化を描写している。安田さんの描写3は、文字で書くと「飛び跳ね」が繰り返されるだけのように見えるが、実際には能の豊かな謡《うたい》で動きの変化が表現されている（ぜひ映像を見てみてほしい）。

これら三つの音声描写は、ラジオの電波を通して三つのチャンネルに分けて会場内に流され、観客はラジオの受信機のチャンネルを選びながら、鑑賞するという形式をとった。一年目は、想像以上にうまくいき、その後に行った感想共有の時間では、観客からの感想や意見が途切れることはなかった。二十名を超える視覚に障害のある観客からは興奮した様子が伝わり、晴眼者からも「こんなふうにダンスを見たことはなかった」と好評を得た。多くの観客が、三つのチャンネルをザッピングしながらダンスを観ていたことも興味深かった。実際に、人はそのようにさまざまに視点を変えながらダンスを見ているのかもしれない。

さらに面白かったのは、アンケートなどから視覚障害の有無と一番良かったと思う音声描写について聞いたところ、その二つにはほとんど関連がないことがわかったことだった。つまり、一緒に踊っているように体験したい人は捩子さんの描写を選び、何が起こっているか説明してほしい人は研究会の描写を、物語に入り込むように体験したい人は安田さんの描写を選んだというふうに、視覚障害よりもその人がどうダンスを体験したいかが影響していたと言えるだろう。

音声描写が表す三つの身体

捩子さんの音声描写は、研究会での経験をもとに、「ダンスのレッスンガイド」をコンセプトに書かれた。つまり、観客が聞きながら自らの体を動かすようなイメージを持てるガイドだ。それは、捩子さんの「ダンスを見ることがダンスを踊ることとイコールになってほしい」という価値観に根ざしている。捩子さんは、「目に向けてつくらない、観客のイメージの下敷き」として踊っていた。どういうことかというと、もちろん観客は自分のダンスを見るのだけれど、視覚によるクリアなイメージではなく、輪郭が曖昧でもっとぼんやりしたものとして観客のイメージの「壺」に身振り手振りを放り込んでいくような感覚だったという。捩子さんの音声描写も、そこに向けてつくられていた。

捩子さんの音声描写は、誰か別の人に読んでもらおうと考えた。ダンサーが自分で書いたとなると、それが「正解」だと思われがちだ。さらにそれをダンサー自身が読むと、その印象をより強くしてしまう。結局本人が描写するのが一番となってしまうと、音声描写の可能性も狭めてしまう。それを避けるために、捩子さんと相談して、踊りのコンセプトである「ダンスの先生」のイメージに近い、俳優の安藤朋子《あんどうともこ》さんにテキストを読んでもらうこととなった。

安藤さんの声は、ダンスの映像を見てもらいながら収録した。その収録に捩子さんは立ち会わず、安藤さんのリズムで読んでもらうことにした。もし迷ったときのためにと、捩子さんが自分で読んで録音した音源を念のためもらっておいた。すると、同じ言葉（たとえば「タ　たタ　た　た」）でも、どう区切ってどこに力を入れて読むか、二人のやり方はまるで違っていた。振子さんの踊りのリズムは、当然ながら振子さんの身体のものだ。そして、安藤さんはダンサーではないし、そもそも異なる体から生まれる、異なるリズムを持っていた。つまり、踊る体とは別に、音声描写も何らかの体のイメージを立ち上げてしまうということだ。それは、想定外のことだった。

音声描写と音声作品

二年目に入り、何をするかを決めるにあたって、音声描写が情報保障を超えて、さらにどこまでいけるかを試みることにした。演出家の岡田利規《おかだとしき》さん、語り部の志人《sibitt》さんに新たに参加してもらった。そして研究会は、新たな挑戦をすることになった。そのきっかけは、一年目の音声描写を聴いた岡野さんのこんな感想だった。「情報保障としての音声描写で動きは大体わかったけれど、そこに感動や楽しさはなかった。頑張ったと思うけど、あれを聴いてもう一度ダンスを見たいとは思わない」。

そこで、今度は視覚に障害のある人が中心になって、ダンスを見たという実感の持てるものをつくっていくことにした。結果的にできあがったのは、俳句を意識した七五調のテキストに加え、ダンスのリズムに合わせてペットボトルに入れた水（実際には油）を振った音や擬音という非言語的な要素、振子さんの足音や息遣いもラジオから聴こえるように工夫し、音声以外にも臨場感を高めることを意識したものだった。

岡田さんによる演劇のト書きのような音声描写、志人さんによるダンスのリズムを利用して生み出されたラップ。三つとも完成度が高く、情報量の多い音声描写が仕上がった。

しかし、観客の反応は、一年目とは対照的だった。それは端的に言うと、いずれの音声描写も、ダンスの描写というより、音声作品なのではないかというものだった。つまりダンスがなくても成立する（捩子さんいわく）〝VR作品〟のようになっていたのだ。観客のなかには、音声描写を聴くことに夢中になりすぎて、ダンスの音や気配を感じる余裕がなくなってしまったという人が多くいた。そうすると、目の前で人が動いている意味が感じられなかった、と。二年目は映像を見ながらつくったため、視覚以外から感じ取れる情報が豊富にあることを見落としてしまったのだ。

情報と体験の違い

二年目の公開トークセッションの一つに、一年目の研究会に関わってくれた岡野さんと、ろう者の牧原依里《まきはらえり》さんとの対話があった。その際に、踊り全体のグルーヴ感、目に見えないエネルギーの動きも言葉で伝わってくるような表現は、見えない人と聞こえない人がともに共感できるのではないかという話題になった。

岡野さんはこう言った。「音楽でも詩でも、表現する『もと』のようなものがあると思っているんです。言語や音楽、身体表現に置き換わる前の内面の塊のようなもの」。それが伝わることが、視覚や聴覚などの感覚を超えるものなのではないかと。実際に、岡野さんは目が見えなくなってから、五感とは異なる感覚を使って、人間の感情や内面で起こっている「エネルギー」を知覚できるようになったという。

このプロジェクトは、音声描写を多様な視点からつくることを軸に始まったため、タイトルにも「音で観る」と付けており、聴覚を中心に考えてきた部分があった。しかし、二年目の上演後の意見から教わったのは、聴覚以外の感覚にも意識を向けることの重要さだった。耳で聴く行為は、自分の内に閉じこもることにもなりうると気づいたのだ。

ライブパフォーマンスの醍醐味は、観客も演者も同じ場を共有し、劇場の空気が動くことだ。たとえば、視覚に障害のある人は、ダンサーから発せられるエネルギーを受け取ったり、醸しだす空気が変わった瞬間を捉えたりすることで、音声で得ていた情報が体験になっていくという。それは、障害のない人も多かれ少なかれ当てはまるだろう。そう考えると、場の揺らぎやダンサーの気配、佇まいみたいなものまで受け取れる余白をつくることが、鑑賞という体験と不可分なのだ。わたしたちは、耳だけでなく、体全体で聴いている。その体験が持つ豊かさについて、改めて考えさせられた。

二年目の研究会が、捩子さんが発する擬音という非言語の音や水の音を入れたのも、情報を体験に変えるための工夫だったと言える。擬音は、リズムやグルーブ感をそのまま伝えることができるという意味で、触覚的なものでもある。たとえば、冒頭の跳ねながら舞台手前に出てくる場面は、「トタットタッ」という擬音と、そのリズムに合わせて油が動く音がつけられている。つまり、言葉の意味ではなく、それを発する体の質感ごと伝えようとしていた。どうしても意味を理解することにとらわれてしまうなかで、そこから自由になる表現のあり方を模索した。

言葉の跳躍がイメージをふくらませる

三年目は、詩人の大崎清夏《おおさきさやか》さんにテキストを書いてもらい、ダンサーの山下残《やましたざん》さんが朗読した。情報を伝えるのではなく、踊りと伴走しながら言葉でダンスという体験をつくる狙いがあった。縁あって愛知での滞在制作を経て、現地の視覚に障害のある人とともにつくったテキストは、視覚や聴覚などを分けて考えるのではなく、「身体を受け取る」ことをテーマとした。捩子さんの考えも、当初の「ダンスをイメージに置き換える」ことから、「今ここで起こっていることを体ごと感じさせたい」というふうに変化していった。そこで、ダンスと音声描写のどちらかが主というのでなく、対等に関わり合っていく「音で観るダンス」をつくることにした。

大崎さんのテキストでは、「身体がひとつ／跳ねている／自分の内の／水の巡りを／たしかめて」というふうに、踊っているのは人間とは特定されておらず、「身体」と描写されている。そしてイメージは、その後カエル、哺乳類、鶴、ゾウムシと変化していく。大崎さんは、「言葉によってダンスを観ることは、言葉のダンスを観ること。つまりそれは、詩を観ることです。ダンスの展開の説明ではなく、あくまでも詩を詩として機能させるためには、まさにダンスの跳躍のような言葉の跳躍が必要です」と話した。

三年目の上演を見て、岡野さんは「ようやくダンスを鑑賞する楽しみを感じた。これならリピーターになれると思った」と言った。それは、大崎さんの詩が、少ない言葉でイメージの広がりをつくってくれたからだそうだ。「その瞬間の動きを捉えるだけでなく、言葉によって喚起されたイメージが、水面に広がる波紋や音の長い残響のように、発せられてから時間的に長くとどまり広がるような感じ」と岡野さんは後に振り返っている。

タッチツアーの変化

タッチツアーとは、上演前に障害のある人を対象に、あらすじを紹介したり、舞台美術を解説したり、場合によっては実際に触ったりできるような導入を設けることだ。主に海外で行われてきたが、最近日本でも少しずつ取り入れられるようになってきた。

このプロジェクトでも、一年目からタッチツアーを行ってきた。一年目と二年目は、観客が捩子さんと一緒に振付の一部を踊ったり、音では把握しづらい場面については、捩子さんの体を触ってもらったりということを行っていた。ただ、三年目については、これまでの経験から、振付よりも共有すべきことがあると考えるようになった。

そこで、三年目は「目隠し鬼」を主にすることにした。それは視覚障害の疑似体験をするという意図ではなく、視覚以外の感覚を少しでも研ぎ澄ます時間をつくってから上演に臨んだ方が、その後にダンスを見る体験から得られるものが多くあるのではないかと考えたからだった。多くの晴眼者が足を踏みだすことをためらうなかで、視覚に障害のある人の方が機敏に動いて鬼ごっこを先導するという、普段は見られない光景が生まれていた。

そして三年目の上演は、観客は客席ではなく舞台に上がってダンサーを囲んで座り、スピーカーから流れる同じ音声描写を聴きながらダンスを見るという形式に変えた。最初は明るい状態、次に暗い状態で。それによって、ダンサーの足音や呼吸、振動などをより近くで感じながら見ることができるようにした。それまで重きを置いていた聴覚からの情報の入力を、少し軽くするのが目的だった。観客からは、「ダンスを見ながら振動を聴いていた」という感想もあった。

音声描写を通して雄弁になる観客

このプロジェクトでつくった音声描写は、上演という形式が前提にあったことで、いずれも一旦完成させたものを提供した。それらを聴くだけでは、やはり受け身の鑑賞に近いものになってしまうかもしれない。そこで、上演に観客の感想を聞く時間を一時間ほど含めた。全員に対して感想を投げかけることもあれば、いくつかのグループに分けて聞くこともあった。ただ普通に感想を言うよりも、音声描写があることによって話を始めやすいということは毎回感じられた。「こんな表現があったけど…」と音声描写をたたき台に話が膨らんでいく。そして、終了後のアンケートをぎっしり書いてくれるお客さんは、他のプロジェクトと比較しても圧倒的に多かった。それは、目が見えない人に対して情報を提供するという目的を意識するだけでなく、晴眼者の見方の幅を広げていく音声描写の役割ゆえのことだと思う。

感想共有がうまくいかないのは、視覚に障害のある人の参加が少ない場合だ。視覚に障害がある人たちにとっては、用意された描写に加えて、それらの音声描写が他の観客が目で見た印象とどう同じでどう異なるかを聞くことで、イメージが立体的になるという。そんな彼らは情報への貪欲さがあるので、忖度せず口火を切ってくれることが多い。一方、晴眼者がほとんどになってしまうと、「自分は当たり前のことを言ってるのではないか」という懸念が先に来て、意見を言うのを戸惑う人が多くなる。そんな時は、観客が答えを聞くつもりでいる空気を崩すことから始める。しかし、その場が正解を確認するためにあるのではないという設定が共有できていないと、なかなかうまくいかない。暗黙の内にある関係性のヒエラルキーが、自由な鑑賞や意見交換の妨げになることを意識する必要がある。

音声描写はひとつの見方のたたき台

このプロジェクトは、いろんな見方があることを表すために、音声描写を複数用意するという発想から始まった。しかし、音声描写が観客の見方や解釈を引き出し、ひとつの空間をともにする体験が合わさってはじめて、立体的に見えてくるのだということを感じる経験となった。

また、わたしたちが体を持っているということが、ただ情報を受け取るのではなく体験することを可能にしていることもわかってきた。たとえば「情報保障」といったときに、晴眼者は「視覚を補う」といった発想をしてしまいがちだ。けれど、晴眼者も視覚だけでなく、視覚以外の感覚も使いながら見ている。感覚の使い方が異なるだけで、誰もがそのようにして「体験」を立ち上げているのではないだろうか。わたしたちの体は、思っている以上に多くのことを「わかる」前に受け取っているのだ。情報保障を考えるときに、そのことを忘れてはいけないと思う。

そういった体験を立ち上げることが、他人と空間を共有しながら、劇場なり美術館なりで作品を見る意味をつくってもいる。美術館で行われている触って鑑賞する取り組みも、「触る」という行為が情報を体験に変えているのではないかと思う。そう考えると音声描写は、あくまでひとつの見方のたたき台に過ぎず、音声描写だけで鑑賞を完結させること自体に限界があるのではないだろうか。むしろそれがあることによって、聴く人が能動的に関わる余地が生まれ、体験が立体的になるのを助けるものとしてつくるのがよいのではないか。そんなふうに考えるようになった。

複数の音声描写をつくるのは簡単なことではないし、音声描写のあり方を考える実験的なプロジェクトだからできたところがある。一般的な公演に向けて続けていくためには、もっとサステナブルな方法を見つけていかなければいけない。そう考えると、研究会に参加していた金子さんが自身のパントマイム公演につける「ほどほどマイム実況」という取り組みをその後始め、今も続けているのは何より喜ばしいことだ。いい塩梅のところで止めて、あとは聞く人に叩いてもらう。さらに、聞いた人のイメージも共有できる場というのが、理想的なあり方なのかもしれない。

ＡＩは鑑賞体験を変えるだろうか

その後、音声描写について考えを深めるにあたって大きな転換期が訪れたのは、二〇二二年十一月三〇日のことだった。自然言語処理に長けた生成ＡＩ「ChatGPT」をOpenAI社が公開したのだ。それは世界中に大きな影響を与えたが、視覚に障害のある人の世界も無関係ではなかった。そもそもわたしに生成ＡＩの存在を教えてくれたのは、当時アメリカで知り合った全盲の友人だった。友人はサウンドアーティストで、チラシに掲載する画像を提供してほしいというギャラリーなどからの要望に、毎回辟易していた。そこで、画像生成ＡＩ「DALL・E 2」の存在を知り、それに今の気分などを入力して出てきた画像を送っていると話していた。

その後、視覚障害者の要望に応じて登録したボランティアがスマホを介して視覚支援を行うアプリ「Be My Eyes」がＡＩを導入し、「Be My AI」という機能を追加した。写真を撮影すると、そこに何が写っているかをＡＩが描写してくれるのだ。これまでは人に頼まなければ何が写っているかわかりようもなかった写真を、ひとりで楽しんだり撮影したりできるようになったのだ。それは、視覚に障害のある人と写真との付き合い方を大きく変えている。

また、映像にある音や台詞の間の時間を計算し、生成ＡＩで音声描写や実況をつくるといった研究や実践も、国内外で進められている。『音で観るダンスのワークインプログレス』で試みた複数の視点からの音声描写も、今やＡＩの力を借りれば難なくつくれてしまうだろう。では、ここまでに話してきた、鑑賞という単に情報を理解するだけでなく、自分の体験として落とし込む過程に、生成ＡＩはどれくらい関わることができるのだろうか。そんな疑問から、視覚障害のある人とない人に集まってもらい、ＡＩとともに鑑賞会を行うことにした。

目が見えていたり耳が聞こえていたりしても、そもそもアートは受け取る人によって捉え方や解釈が変わる。そして、多くの人にとってよくわからないものと考えられてきたアートの分野においても近年「対話型鑑賞」が注目されているように、アートを介して他人との視点の違いを共有し、対話を重ねることで鑑賞体験を深めていくことは、アート、そして他者に近づくひとつの方法なのだ。

3

テクノロジーは鑑賞をアクセシブルにするか

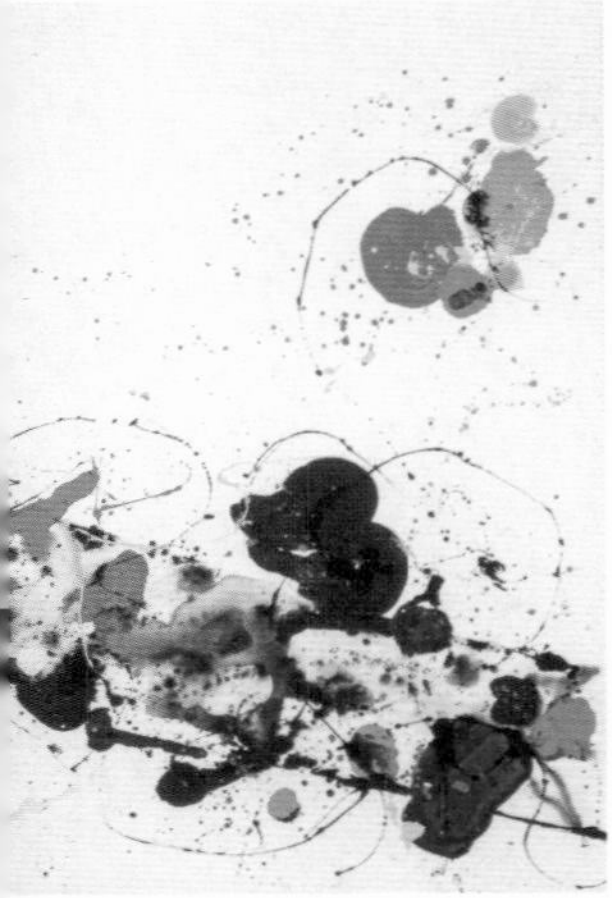

→

横尾忠則《運命》

（1997年制作／東京都現代美術館所蔵）

AIとの鑑賞ワークショップ

［参加者プロフィール］

岡野宏治《おかのこうじ》
60代、鍼灸・マッサージ師。10年程前から視力が落ち、両目とも光覚（光がかすかにわかる程度）。読書、音楽鑑賞、旅行が好き。

林建太《はやしけんた》
50代、「視覚障害者とつくる美術鑑賞ワークショップ」のスタッフ。晴眼者。美術や演劇などの文化芸術を楽しみながら、そのアクセシビリティを考えている。

佐々木文美《ささきあやみ》
40代、舞台美術のデザイナー。晴眼者。節約、投資、豊かな暮らしに関心がある。

平海遼《ひらうみりょう》
20代、学生。生まれつき右目は光覚、左目ははっきりとした色や形であれば見える。パソコンやスマートデバイスの情報集め、演劇に関心がある。

真《ま》しろ
20代、学生。「視覚障害者とつくる美術鑑賞ワークショップ」のスタッフ。生まれつき全盲。小説執筆、旅行、eスポーツ、言語学に関心がある。

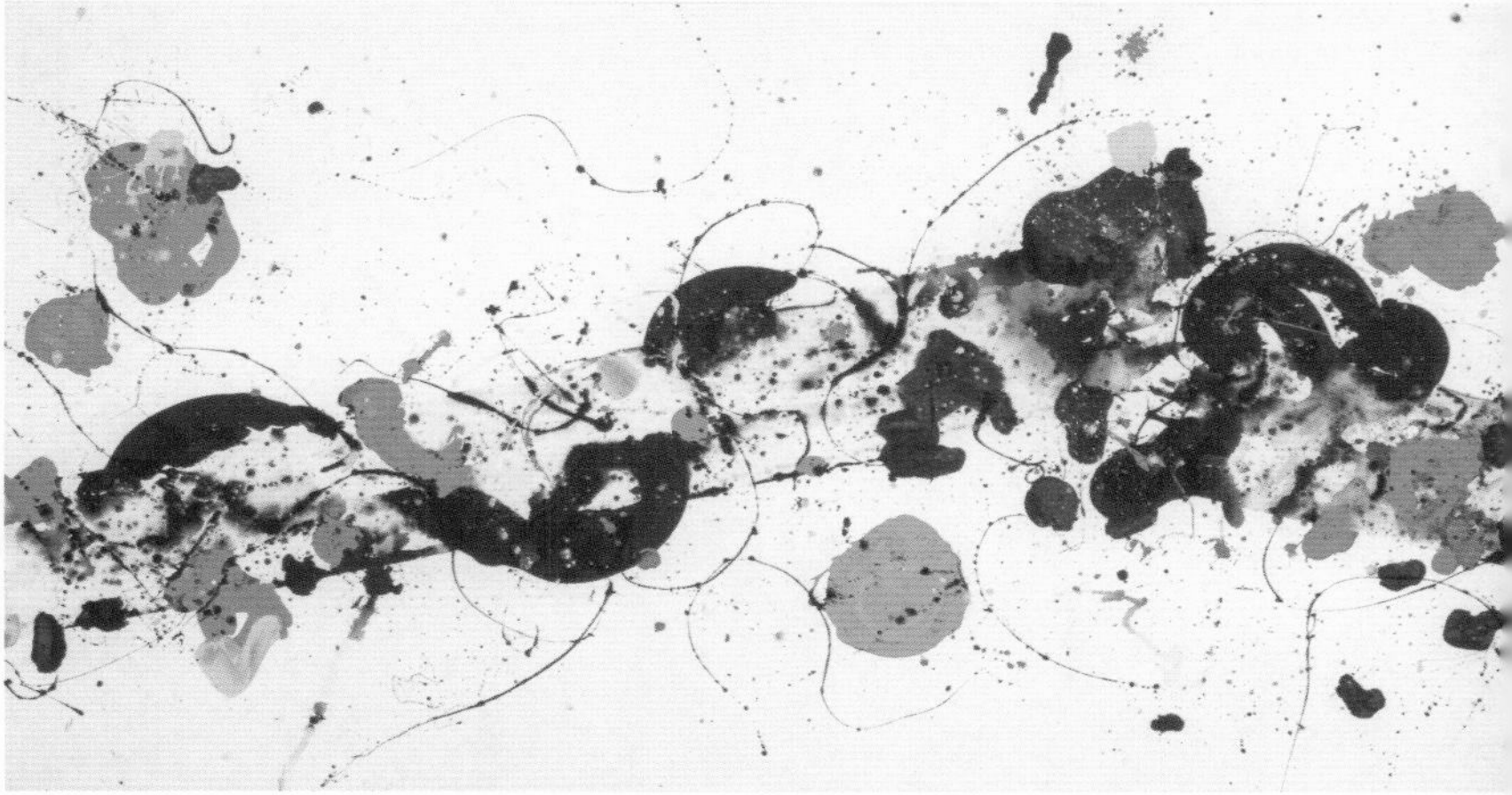

↑ サム・フランシス《無題（SFP85-95）》

（1985年制作／アサヒグループジャパン株式会社所蔵／東京都現代美術館寄託）
© 2024 Sam Francis Foundation, California / ARS, N.Y. / JASPAR, Tokyo E5564

↑ 横尾忠則《暗夜行路　赤い闇から》（2001年制作／東京都現代美術館所蔵）
©Tadanori Yokoo / DNPartcom

鑑賞1

サム・フランシス《無題（SFP85-95）》

AIの描写①

壁に掛けられた長方形のキャンバスに、カラフルな抽象的な絵が描かれています。絵の中には、黒、青、赤、黄色、緑、オレンジなど様々な色の大きな雫《しずく》や線がランダムに飛び散っています。背景は白で、色彩が鮮やかに映えています。床は明るい木目調で、絵とのコントラストが美しいです。

抽象って何だっけ？

岡野　「雫」って言い切ってるな。

真しろ　「飛び散っています」って。

岡野　「カラフルな抽象的な絵」と言うから、ふーんと思ってたら、「雫」と。わたしはそこでおいおい、ちょっと待て！って肩を掴んでた。「抽象」と聞くと具体的に認識しにくいものだって思うよね。「雫のような形が」ならまだわかるけど、「雫が」と言い切るから。

真しろ　自分のなかでは、「カラフル」と「抽象的」が共存しなくて。「抽象的」って言われると……。

岡野　カラフルじゃない感じ？

真しろ　そうですね。僕にとって色は具体。「カラフル」と言われると具体的にキランって感じがするんです。言葉の問題なので、人によるけど。

田中　真しろくんのなかでの抽象はどういうものですか？

真しろ　僕のイメージでは、黒だけ。赤や青や黄色は「あ、わかる」って感じですけど、黒だとわかんないなぁ、っていう距離感です。自分は、色の記憶というか、認識がない人なので。

田中　色の違いはどういうふうに認識してるんですか？

真しろ やっぱり言葉と結びつけてて。リンゴ、イチゴは赤、空、海は青みたいな感じで。辞書的な感じ。

岡野 結びつきがあるんだ。

真しろ 言葉と物質が、色をつくっている。

林 **田中** なるほど、なるほど。

真しろ 全盲の人のなかで色相環を習う人もいるみたいですが、僕は習ってないので。黒っていうと闇とか目に見えないものが多そうなイメージがあるから、抽象的なんだと思います。

田中 だから、カラフルな抽象ってなんだ?ってことですね。

真しろ そこで僕、ニヤって笑っちゃいました。

田中 平海さんは? 第一印象は?

平海 わたしはあんまり違和感はなくて。雫と線がランダムに描かれているのは、何を描いているっていう対象がないと思った。対象物が決まっていれば、「犬の絵を描きました」とか「この風景の絵を描いてます」と言い切れちゃうと思うんですけど、丸がたくさん描いてあるもわたしのなかでは抽象画なんですよ。

田中 うーん。ほかに引っかかったところはありますか?

岡野 わたしは中途(失明)で、昔は絵をよく見てたから、「雫」と言われた途端にアクションペインティング[1]とか、色を垂らすイメージが湧いてきちゃって。昔見たジャクソン・ポロックの絵とかが出てきた。で、最初の抽象的でカラフルっていうのと、二つのイメージが今戦ってる。どっち?

1 一九四〇年代から六〇年代にかけて欧米に広まった絵画の様式。絵の具をキャンバスに塗る代わりに、垂らしたり飛び散らせたりする身体的行為や過程が強調された。ジャクソン・ポロックはその代表的な作家の一人。

田中　カラフルで抽象っていうのは、ポロックとは結びつかない？

岡野　わたしが覚えてるのだと、ポロックはカラフルっていうより、もっとエネルギーに溢れた感じ。白や茶色の絵の具が、ぶわーってなってる。カラフルっていうと、わたしのイメージではもうちょっと色調が普通な、きれいな感じだから。

佐々木　今の話を聞いて「抽象画」って言葉自体、矛盾してるのかなって。絵というかキャンバスってだけで具体的なものだから、どこまでいっても抽象になりきれないのかなって思いました。

林　今この輪の中で、「抽象」と「抽象画」は分けて話されているかな。真しろさんは抽象？

真しろ　そうですね、抽象画ではないですね。

林　抽象寄りの何か、ものを経験している。他の人は絵を前にしている。

真しろ　僕は抽象画をそもそもわかってない。抽象的な文章とかだったらわかるけど。でもそれを絵に全部応用できるわけじゃなさそう。

林　抽象画って、発明されてから相当時間が経っているよね。

岡野　でも、美術館にはいろんな絵があるじゃないですか。だから抽象って聞いたら、「あ、具象画じゃないのね」って、具象の引き出しをパッと閉める。それから、どんな絵だろうって思っていく感じ。

つくりながら現れるもの

平海　抽象画って存在するんですか？　描いた人の頭の中には、どういうのを描きたいっていうのがあると思うんですよ。ってことは、わたしたちが抽象画と言ってても、画家の中では、具象かもしれない。

田中　たとえば、テーマがあっても、描きたいものがはっきりイメージとしてあるわけじゃなくて、こう、手を動かすことによって見えてくるものもあったり。

岡野 うん。わたし素人ですけど、見えてたとき、絵をかなりたくさん描いてて、抽象的なものも描いてたんですけど。

田中 えー。知らなかった。

岡野 年200枚ぐらい。

一同 すごーい！

岡野 そのときの経験で言うと、わたしはですよ、個人的には描きたいものが固まってるというよりも、衝動みたいな、漠然としたエネルギーがあるんですよ。で、描いていくときに、紙の上に色をのせると、それにインスパイアされて、また違う色をのせて、次これ、次これ、となっていく。そういう描き方だと、内から来るエネルギーはあるけど、どういうものになるかは描き終わらないとわかんないことはある。あるんですよ。

音楽で即興するのと多分似ている。感情に任せてバーって弾いて、弾いている間はどういうものにしようっていうんじゃなくて、その場その場でどんどん音を紡いでいって、後で録音を聴いて「あ、こんな演奏したんだ」みたいな。

平海 えーっ！ すごくないですか。

真しろ 僕も小説を書いてるんですけど、テーマは決まってるけど、気づいたらキャラクターがすごいことをしていて、意図してない展開が起きるんですよ。あれ、キャラクターが自立してる！って、嬉しくなる。そういう自分は結構いい。あんまり否定してないっていうか。だから描きたいものが具体的なのか抽象的なのか本人もわかってなくて、気づいたらできあがってるっていうのはわかるかも。

平海 えっ！ それできる人、めちゃくちゃエネルギーに満ち溢れているじゃないですか。

真しろ エネルギーは確かにあるかも。結構エネルギーのままに。

林　でも、対象を決めずに何かをアウトプットすることってあるんじゃない？　料理とか。鍋やろうと思ったらいつの間にか違うものができたり。

佐々木　確かに。

真しろ　料理もそうか。

平海　えーっ。皆さんの話を聞いててすごいなって思ったのは、リアルタイムで考えられること。わたしはリアタイ性がないんですよ。

田中　時間が必要ってことですか？

平海　いや、わたしはとにかく頭にパッと浮かんだものを自分の手で実現させる。料理もそうです。今日はケチャップ炒めにしようってなったら、自分のイメージするケチャップ炒めまで、あんまり寄り道しないでゴールに着くみたいな。

真しろ　あー、わかりやすい。僕、旅の方がそういうことが多い。友達とよく旅に行くんですけど、気づいたら予定じゃないところに着いてて。

岡野　でも、旅もきっちり決める人いますよね。

田中　文美ちゃんは空間や建築をつくる人ですけど、最初に決めますか？

佐々木　えー、時と場合によるんですけど、決めても、決めた通りにいくことは絶対ない。床は平らって言うけど、ほんとは平らじゃないし、直角も本当の直角はないから。そういう意味で、一応決めるけど、実際に建ててみて変えることは、たくさんあります。

田中　現実とのせめぎ合いが多そうな領域ですね。

佐々木　確かに。それですごい失敗するし、計画通りに行くことの方が少ないです。

色は相対的？

岡野　絵の中に黒があるとないとで、イメージが違うな。要するに黒がないと明るい、それこそカラフルなイメージなんだけど、黒が入ってると、もうちょっとダイナミックっていうか。

林 でも、見える人にとっても色ってすごい相対的。切り取り方によって変わるから。

佐々木 色はわたしもすっごい苦手なので、ペンキの色を選ばなきゃいけないときは、その色に何の色が入ってるのか、成分を見て決めます。目で見ると赤っぽいグレーかなって思っても、実際見たら赤は入ってないとか。そのときの気持ちとか、温度でも違う気がする。

平海 RGBの数値化みたい。

真しろ (Microsoft Officeの)WordとかでRGB値が確認できるんですけど、赤10、青10みたいに数字を読み上げてくれるので認知できるんですよ。数字で濃さを知れば、自分でも色が見えるっていうか。

平海 黒は全部ゼロですよね。だから、たとえば数字が小さいものは暗い色なんだな、と想像しやすい。

林 でも、それを突きつめても、絵をみる面白さってコントロールできないですよね。黄色の中にもいろんな色が見える気がするっていうのは、周りの色と影響してるのかな、とか。

平海 確かに。人によって違うし、時と場所によって違う。

林 それだけ全然違う人たちが、じゃあこの絵をどう見てるのか。ランダムっていう言葉もあったけど、本当にランダムなのか。

絵を見て連想するもの

岡野 そろそろ、見えてる人の感じたままの話を聞いてみたい。

田中 先に絵の大きさだけお伝えすると、横が7メートル、縦が2メートル。かなり横長です。
文美さん、何が見えてますか?

佐々木 全体的に白い画面。で、わたしがパッと見て思ったのは、カエルの卵?

岡野　お！　すごい変わった。

佐々木　いろんな気持ちがほとばしる、カエルの卵。

岡野　カエルの卵ってぶつぶつしてる。

佐々木　管みたいなのが全体的に横長にあるんですよ。真ん中で切れちゃってるけど。その管みたいなの中にいろんな色の玉というか、AＩが言ってた雫があって卵っぽさがある。カラフルなんですけど、管には透明感があるので、そこからカエルの卵のようなものを思い浮かべました。

岡野　管ってまっすぐなの？　ぐちゃぐちゃに絡み合ってる？

佐々木　なんか、真ん中になるにつれて上がってきて。

田中　枝をポキって真ん中で割ったみたいな。

林　山型。三角の、ちょっとゆるーい。

岡野　全体的に？　直線ではないの？

田中　直線ですね。

岡野　カエルの卵っていうと、曲線？

真しろ　カエルの卵がわかっていない……。

岡野　カエルの卵って、半透明のね、ジェル状ってわかります？　ゼリーみたいな。ブヨブヨした中に黒いつぶつぶの卵がぶわーってあって、ちょっとキモいです。

平海　そう考えると、キモい。

岡野　薄い色の管っぽいものの中に、つぶつぶのいろんな色が混じっているのかな？　つぶつぶは、丸いの？

佐々木　つぶつぶはいろんな形があります。

岡野　絵の具が「飛び散ってる」って言ってたけど、飛び散らした感あるんですか？　アクションペインティングじゃないけど、ピシャッとやってるような感じ？

佐々木　あ、アクションっぽい。

田中　うんうん。滴っている感じ。

平海　体の中かな？

林　でも、どうやってアクションしたのかわかんないぐらい、ちっちゃい丸がいっぱい。真上から落としたのかな？

田中　真上からじゃない？　垂れてきたんですね。

林　そうそう、垂れたり、軌跡を描いたり。でも絶妙に、つぶつぶたちは点在していて。

真しろ　ブチャーってこぼした訳じゃなくて、ぽたぽたぽた、って？

田中　うんうん。

佐々木　ぽたぽた。

真しろ　飛び散るっていうと勢いがあるんですけど、滴るだと、ぽたっと。

岡野　飛び散ってつくとほら、丸じゃなくて流れるじゃないですか。そういうんじゃない？

田中　そういうのもあります。

林　丸と、線もあるんですよね。

田中　筆から落ちたみたいな。

林　細い、流れるような長い線。

田中　描いたらこうはならないなっていう感じ。

岡野　直線で山っていうの聞いちゃったから、線が整然としたイメージなんだけど、そうでもないんですよね？

佐々木　そうなってないのが、すごいなって思います。

田中　その管の周りに、ボコボコボコって、いろんな色の丸いものが絡まってる。

岡野　粒と管以外にも、色々あります？　それもいろんな色なの？

田中　いろんな色。

林　やっぱり流動的な、ダイナミックな躍動感はある。

田中　だってＡＩは「エネルギッシュな」とか言ってますよね。

林　僕は、龍がうねっているように見える。

一同　あー。

岡野　色調的には、重たいよりは軽い？

田中　白の割合がすごく多いから明るく見える

けど、でもそれこそ引いたら黒に見える。

真しろ 重い、軽いっていうのは濃さの話？

田中 濃さの話。明度の話。なんて言えばいいんだろう。

真しろ 明るさってことか。

岡野 これ、イメージが難しい。今、林さんの言葉で、まだらの龍がうねっているイメージになった。まだらの龍ってなんだよって自分にツッコミを入れて……。

真しろ でも、見える人の説明の方が具体的。僕は見える人の説明の方がいろんなイメージをつくれている。

平海 全然違うな。今聞くと、ちゃんと自然界にあり得る色を使ってそうだなって。

岡野 ＡＩだとね。無機的で明るいカラフルな感じ。今みんなの表現を聞いてると、生き物っぽい。カエルとか龍とか。

田中 それこそ、抽象を人の頭が変換している感じがありますね。

イメージが喚起される

田中 もう一枚、別の角度で撮ってみます。

ＡＩの描写②

これはアートギャラリーの壁に掛けられた大きな抽象画です。背景は白で、カラフルな塗料の飛び散りや線が特徴的です。画面には黒、赤、青、黄色、緑、オレンジなどさまざまな色の大きなしずくや塗料の跡がランダムに配置されています。黒い線が絵の中を自由に動き回っているように見え、全体的に活動的でエネルギッシュな印象を与えます。

真しろ あれ、なんか説明的。

岡野 色も変わってない？

平海　緑が増えてます。
真しろ　あ、オレンジも。
岡野　でもね、今の説明で一番印象的でわたしのイメージに加わったのは、「黒い線」。
平海　ああ。確かに。
田中　それさっきわたしが言った「滴ってる」ってことだけど、ＡＩの方がうまい。
岡野　「黒い線が自由に動き回っている」。
真しろ　あと、「ランダムに配置されている」。「飛び散ってる」じゃなくて配置。
田中　確かに、ただ偶然飛び散っているっていうよりは、計算されたものも感じますね。
岡野　結構うねってる？
田中　うんうん。管の周りをうねったりとか。
岡野　だいぶ踏み込んだ言い方になったよね。
真しろ　今のが、自分はＡＩの中で一番わかりやすい。黒い線とか、配置の話とか。いろんなイメージが喚起される。
平海　なんか、遊園地みたいですね。
岡野　えっ！
佐々木　ああ〜。
なるほど。どこからそういう印象を？
田中　まず、なんだろう。自由さがすごくある。
平海　あと、いろんな色がある。形も、まあ、なんか割と似たような形が多いけど、別に統一されているわけでもない。いろんな人がいて、いろんな乗り物がある。遊園地のイメージだなあと。
岡野　動きもあるし。
林　迷子がいそう。
佐々木　ああ、いそう！
岡野　見えてる人にとっては、遊園地っていうのは、ほぉーって？
林　僕はおお！って思いました。
佐々木　遊園地って言われて、あーなるほどって思って。そう言われてみると、お正月っぽい雰囲気もある。

真しろ　お正月！？

一同　（笑）

岡野　お正月、気になる！

平海　どういう点がお正月なんですか？

佐々木　あの、楽しげっていうか。遊園地というワードを聞いたら、確かに楽しげに見えるなって思って。

林　あ、お正月を楽しいと思ってる？

佐々木　はい。あと、この黒いうねうねの線が、書道にちょっと近い感じ。たまにカラフルな書道もあるよなって。真ん中に「寿」って書かれてても変じゃない。

岡野　なるほど、お正月だ。黒い線ってかなりたくさん出てる？

田中　うーん。管の周りをぐるぐるぐるーって。

林　まとわりついたり、離れたり。

岡野　さっきの三角ってイメージが消えかかっている。山型って言ってたよね。

田中　実は、面積的には管の方が大きく占めている気がする。でも確かに、黒い線は印象に残りますね。この作家さんは、水墨画とかにも影響を受けているみたいです。

真しろ　だから雫とか？

岡野　画材は？

田中　アクリルですね。サム・フランシスというアメリカの画家です。日本にスタジオを持っていたこともあったようです。

岡野　そうですよね、水墨画とかに影響を受けていないと、そんなに黒を使わないですよね。

田中　岡野さん、アクションペインティングの印象と比べてどうですか？

岡野　白の余白が多いっていうので、ああいう感じじゃないんだなって。活動的で明るくて楽しげなイメージ。遊園地もそうだけど、そういう言葉が出るってことは、ダイナミックで力強いけど、もう情念がこもってるみたいな感じじゃなくて、もうちょっと楽しげなんだな、と。

田中　不穏な色もあります。

真しろ　不穏って、やっぱり暗い色？

田中　なんか、黒と混ざったような。

岡野　血の色みたいな。

真しろ　赤黒いとか？

岡野　ただ鮮やかできれいっていうだけじゃない。暗っぽい色とか、明るっぽい色っていうのはランダムに？　どっかに固まってるわけじゃないですよね？

田中　わりと計算されてる感じはあります。

林　うん、バランスよく配置されてる。塊。

田中　ぽんぽんぽん、と置かれている。

林　だから、白が際立っているのかな。解放感があるのかもしれない。

音や匂いがするとしたら？

岡野　ちなみに、誰か見えてる人で、音が聞こえるとしたら、どんな感じだと思う？

佐々木　パキッ！

林　僕もバチバチ。言葉、電気の言葉？

岡野　バチバチ？

田中　ノイズとか。

岡野　そういうエネルギーは感じる？

佐々木　うん、瞬間的な感じがしますね。この背景の白も、ピカって光ったときの白みたいな。

田中　ずっとこの色じゃない。

岡野　カエルや龍って動きがあってダイナミックだけど、それよりもっと速くて瞬間的なのかな。

田中　わたしはやっぱり、どうしても枝を膝で割ったように見える。割れ目がギザギザってなってる。工業製品だったら、あんなふうにならない。

岡野　じゃ、何本かの枝を膝で一緒にバキッてやった感じ？
田中　一本。一本のそれなりに太い枝を割ったような感じ。
岡野　これ、誰か匂ったらどういう匂いが？
林　匂いは難しいな。
田中　瞬間的だから、匂いは難しい。
真しろ　じゃあ、感触は？
田中　ぬるぬるしている感じ。
佐々木　刺激。
岡野　亀裂とか、破壊とか。要するに、安定してるものじゃない。
田中　わたしはちょっと不穏なものを感じますね。楽しいっていうんじゃなくて。
真しろ　遊園地じゃなくて……。なんかわかんなくなってきた。
平海　マーブルチョコとはまた違いますか？
真しろ　なんでマーブルチョコ!?
岡野　マーブルチョコってね、一センチぐらいの丸薬の大きいのみたいなやつで、一粒一粒の色が、茶、赤、緑って。
真しろ　あれ、色違うんだ！
岡野　そうそう。子どもはあれが好きなんだよ。ざーって出すと、色とりどりで。
真しろ　あ、あれはチョコが好きなんじゃなくて、色なんですね。感触がガリガリしてうまいからだと思ってた。
岡野　味は一緒ですけどね。
平海　パッケージも楽しいんですよね。開ける前から楽しい。
真しろ　損してるな。それ、楽しみたかった。
岡野　マーブルチョコレートの歌、知ってます？
佐々木　あ、知らないです。
岡野　マーブルマーブルマーブルマーブルマーブルチョコレート♪
平海　知ってる！
真しろ　それか。

それぞれのイメージと感触

田中　せっかくなので右の方も撮りますね。

AIの描写③

これはアートギャラリーの壁に掛けられた大きな抽象画です。キャンバスは白く、様々な色のペイントが飛び散っています。赤、紫、青、黒、黄色などの大きな塊や小さな点がランダムに配置されており、全体的に活気がある印象を受けます。床は木目調で、絵の前には灰色のベンチがあります。

真しろ　ん？　だいぶ違う。「大きな塊」。ベンチ写ってるんですか？

田中　いや？　ないんだけど。

平海　塊って何ですか？

田中　管の周りにぽんぽんぽんって、ちょっと暗めの色の塊が。

岡野　あれ、パキッとなってるやつは黒くない？

田中　うん、そうですね。

岡野　周りにあるのが、黒いウニョウニョ？

田中　丸いものが満たしている感じ。

平海　わたしはお菓子なイメージがある。

岡野　どんな味しそう？

平海　やっぱりマーブルチョコかな。

岡野　人工的な着色料？

平海　チョコ自体の色っていうよりも、その外側の砂糖につけた色みたいな。

真しろ　いや、厳しいな……。カオスになってきちゃった。

岡野　今ので、画面からもうチョコの匂いがしてきた。

一同　あはははは！

真しろ　えー、何の匂いもしない。ちょっと鼻が悪いのかもしれない。

田中　（笑）。でも、何を思って描いているのかは、誰にもわからない。

真しろ　でも、グチュグチュした感触がするっていうのは確かに。触ったとしたら。

岡野　さっきも訊いたけど、音楽にしたら賑やかってこと？

林　かなり現代的な。

平海　最近のポップスみたいな？

田中　いや、コンテンポラリーな。

真しろ　リズムがなくて、ポップスじゃなくて、楽譜にしたら何拍子とかも言えないような。

田中　即興っていう感じ。

平海　聴いてて疲れそう。

岡野　フリージャズ的な？

真しろ　あー、ジャズってよりコンテンポラリー？

佐々木　まざってきてそう。

真しろ　ドビュッシーじゃなくて……。ドビュッシーって、調がないような曲も書いてますけど、もっとこう、リズムとかもなくして。ピアノじゃないんですよね。楽器がいっぱいあるから、ガチャガチャしてるやつもあるし、笛もありそう。

田中　そろそろ次の作品に行きますか。

鑑賞2　横尾忠則《暗夜行路　赤い闇から》

AIの描写①

この絵画は夜のシーンを描いており、中央には街灯の下に小さな家があります。建物の左側には赤っぽい照明の下にいろんなものが積み上げられており、右側には緑豊かな木々があります。手前には一匹の犬が歩いています。

岡野　今、わたしが聞いただけでイメージした絵は、かなり不思議な絵。真ん中の街灯の下に小さい家。右に緑豊かな木があって、左に赤い照明

の下にいろんなものが積み重なってあって、手前に犬が歩いてて。えっ？っていう。家が小さいって言われちゃったせいか、なんかすげえちっちゃい。

田中 「中央には街灯」って言ったけど、街灯ともまた違います。左側を撮ってみますね。

不思議さはどこから？

AIの描写②

この線は、赤と黒の色調で描かれた古代遺跡のような場所を表しています。画面の左側には階段や壊れた柱があり、右側には遠くに街灯がぼんやりと光っています。全体的に暗く神秘的な雰囲気があります。

岡野 え、え、え？

平海 フフフフ……。

林 なんでお墓って言わないんだろう。

岡野 お墓なの？

田中 お墓に見える。

佐々木 わたしもお墓だと思う。

岡野 えっ。お墓は画面のどこにあるの？

林 左。「古代遺跡のような」。

岡野 ああ、「いろんなものが積み上げられて」いるところ。

真しろ 工事現場だと思ってました。

岡野 えっ、お墓が赤っぽい照明に照らされてるってどういうこと？

林 まるでお化け屋敷の演出かのような。

岡野 犬って左から右に向かって歩いてるの？

田中 歩いてはないですね。立ち止まってる。

岡野 どっち向いてます？

田中 右。だから、ちょっと赤いです。

岡野 「街灯の下に小さい家」って言い方がちょっと不思議だなと思った。街灯がそんな高いところに？

田中　正確に言うと、街灯は見えていなくて、光が上から当たっている感じ。

平海　お墓の近くに家が建っていたら、ちょっと嫌ですね。

岡野　ね。赤い照明とか言うから、ちょっと現実的じゃない感じ。

平海　「緑豊か」ってことは、冬ではない。

田中　真ん中も撮ります。

AIの描写③

画像は夜の風景を描いた絵画です。画面の左側には暗い色調で建物が描かれており、その前には石造りの壁があります。画面の右側には、緑色の葉を持つ木があり、その下には色とりどりの花が植えられています。画面の中央には道路があり、道路上にはマンホールの蓋が見えます。絵の右下には「Y」というサインがあります。

岡野　マンホールは？

田中　あります。

真しろ　花は初めてだった。

田中　花には見えないけどなあ。

平海　何に見えるんですか？

林　カラフルな石の塊。

田中　カラフルだから勝手に花って解析したんじゃないかな？

林　石っていうか、コロコロした物体。

田中　重要なことを言ってないなと思うので、もう一回真ん中を撮ってもいいですか？

AIには見えていない「Y字路」

AIの描写④

この絵は夜のシーンを描いています。中央には古びた建物があり、その前には電柱が立っています。電柱の光が周囲を照らしており、建物の壁には影が落ちています。建物の右側には緑色の植物が見え、その色が暗闇の中で明るく映えています。画面の左下には茶色の犬が道に立っており、こちらを向いています。道路にはマンホールの蓋があり、全体的に静かで人気のない雰囲気が漂っています。

岡野　えっ。マンホールと電柱と家の位置関係は？

真しろ　ていうか、家がよくわかんない。

林　画面のど真ん中に、ちっちゃい家がポコっとあって。

田中　道が二つに分かれるのわかりました？

平海　真しろ　えーっ！

岡野　わかんない、わかんない。

田中　Y字路になってます。

岡野　あ、Y字路シリーズ？　これ。

田中　はい。なので、目が見える人はそこに目が行くと思うんですけど、ＡＩはそのことを一向に説明してくれない。

真しろ　Y字路がどこに？

林　Yの岐路に立っている。前方、右と左に道がある。

岡野　Yは奥に向かって分かれている？

田中　そうそう。

林　その境目に家がぽんって。

岡野　ああ、二股に分かれた真ん中に家があるんだ。

平海　イメージを塗りかえられない……。

真しろ　この場所にまだ自分がいない。

岡野　手前に一本の道があって、ちょっと行ったところで、Y字の二手に分かれて、その二股の真ん中に家がある。右に木があって、左はお墓。

平海　あー！　ぜんぜん違う。

岡野　犬は？

林　犬は、左の道の入口あたりに、ちょこんと。

岡野 じゃあ、マンホールは手前？

林 マンホールは右の道の入口辺りにある。

田中 全体をもう一回撮ってみます。

AIの描写⑤

これは美術館の壁に掛けられた絵画の写真です。絵は夜のシーンを描いており、中央には小さな建物があり、その周りには暗がりに紛れた赤い物体が散らばっています。建物に右側には緑色の木があり、その木の下には明るい色の何かがあります。左側には街灯が一つあり、その光で周囲がわずかに照らされています。絵の前景には道路があり、その上を茶色の犬が歩いています。絵の色使いは全体的に暗く、夜の静けさと孤独感を感じさせます。

岡野 わたしたちがいろいろ言ったから、出してきたのかな。

田中 学習してるのかな。

平海 いろんなものが抽象的になっちゃった。

真しろ 「赤い物体」とか。でも、Y字路ってことは言ってない。

岡野 Y字路に意味を与えてないっていうか。人間だと、「ああ、Y字路！」ってなるけど。

田中 でも、画面の面積からして、Y字路がまず最初の要素というか、事実としてあるはずなんですよね。「道が二股に分かれています」とも言わないし。そこが不思議だなと。

平海 これを聞いたら、一本道ですよね。

岡野 うん、左から右に道路が流れてるとしか思えない。わたしはY字路シリーズだって気づいた時点で、かなりイメージが。

田中 岡野さんはね。他の二人はどうですか？

真しろ 僕は迷っている。犬とか家とかお墓とか木とか、もののイメージはつくし、左とか右とか配置できそうなんですけど、やっぱり位置関係がブレるっていうか。

田中　位置を正確に知りたいってこと？

真しろ　いや、別に知りたくないんでいいんですけど。なんか、感じるものがない。

田中　情報でしかないってことですね。

真しろ　そうです。絵になってなくて。

田中　どうやったら絵になるんだろう。

現実にはありえないことの不気味さ

林　Y字路ってことも言われてないけど、全体的に闇が覆ってるんですよね。画面の上半分も真っ暗だし、Y字路の左右の先も闇。

岡野　でも、「暗い」とか「夜」は繰り返されていて、「人気がない」と言ってるから、まあまあ、そのイメージは伝わるんですよね。

田中　これは主観ですけど、お墓が不自然な赤で照らされているのが、なんか現実ではない感じ。

平海　お墓に灯りがついているイメージが、わたしにはない。

林　確かに、絵としてもすごくリアルな感じではない。

田中　夜中の十二時は回ってるかな。

真しろ　えっ、そんなですか？　九時だと思ってた。

田中　九時はもっと人がいるんじゃないかな。

真しろ　でも、田舎だったらいない。田舎な気がするんですよ。

田中　あ、確かに道幅的にはとても車が通れるような道ではないな。

平海　家には明かりがついていない？

真しろ　誰か住んでる？　空き家？

田中　家も、一軒じゃなくて奥にもあって。奥の家は明かりがついてる。

真しろ　ゴーストタウンだと思ってたのに、住宅街なのか。

岡野　電柱はありますよね。分かれ道のところに？

田中　はい。

岡野　電柱の向こうに家がある感じ？

林　電柱の手前に低い石垣がある。塀みたいな。

田中　家の敷地の中に電柱があるっていう不思議な。

岡野　塀はYに沿った感じ？

田中　わりと。

真しろ　えー、ちょっと待って。ただの情報になってきちゃった。この犬って、どんな犬ですか？

岡野　野良公？　首輪してる？

田中　何かを首からかけてますよね。

平海　野良じゃない感じがする。

林　こんなところで犬が突っ立ってたら、ちょっとびっくりする。「犬だ！」って。

どちらの道を行くか？

真しろ　犬とお墓って不気味な感じがするな。

田中　歩きたくはない。

平海　お墓があるせいか、怖い。

真しろ　木も、緑ではあるけど、ちょっと怖い。

平海　下に何があるかわかんないし。

岡野　これ、右の道を選べばマンホールの上を通ることになって、左に行くと犬がいるってこと？

田中　確かに。

真しろ　だったら右かな。

林　ひっかけな気がする。

平海　家に入ったほうがいいのかな？

真しろ　入れるのかな。入ったら幽霊とかゾンビとかいそう。

岡野　塀が立ってるんでしょ？　すぐパッと入れる？

林　ドアとかは見えてない。角度的に。

田中　文美ちゃんどうですか?

佐々木　見てても不思議っていうか。ぱっと見、要素がばらけてる感じはありますよね。あと、道が平らっていうよりは、ちょっと斜めってる感じ。

岡野　坂ってこと?

佐々木　坂っていうか、お墓の方がちょっと上がってて、木の方に行くにしたがって下がってる。その平らじゃない道が不思議な感じを出してる。

真しろ　ちょっと待って。また構造が変わってきちゃった。

岡野　みなさん、これどっち行きます?　右か左。

佐々木　右はあまり奥がないんですけど、左は奥に街灯が見えます。

林　真っ暗の中に街灯がある。だから結局、地面は見えてない。

真しろ　どっちかなー。

田中　あと、木の奥が赤いんですよね。

真しろ　どんな赤なんですか?

林　お墓の赤に似てる。あっちはあっちで……(笑)。

真しろ　うーん、右かな。

岡野　理由はわかんないけど、左。

平海　いやー、引き返すな……。

この道をどう歩く?

林　絵や写真でY字路が描かれると、目が吸い込まれるんですよ。どっちに行くのかな?って、引きつけられるものがあるから。で、一番目が吸い込まれる道そのものをAIは描写しなかった。

岡野　面白いですね。

田中　道の特徴がこれまでそんなに描写されてないんでしょうね。道は当たり前にあるものだから?

林　先が闇だと、道とみなさないのかな。

岡野　あと、人間が道に与えるような意味合いがないのかな。

田中　確かに。

岡野　人間ってY字路ってなると、やっぱりシンボリックにいろんなことを考えるじゃないですか。

平海　点字ブロックがあったらなぁ（笑）。

真しろ　マップもあんまりつくれない気がしない？　あと、日本じゃないような気がして。犬とお墓っていうと、西洋のお墓のイメージが湧く。

林　あー、なるほどね。形はやっぱり日本のお墓だけど、確かに引き算すれば。

平海　でも、お墓をこの位置につくるっていうのは……。お墓がなければ歩きたい道だけど。

真しろ　そのお墓って、手入れとかが？

田中　されてないかな……。

岡野　左に誘導ブロックがあったら、うちらはお墓がわかんないから、すーっと通っちゃいそう。

真しろ　余談ですけど、自分は家の周りに点字ブロックなんてないので、電柱を頼りにしてるんです。

林　電柱にアタックしている？

真しろ　当たります。僕は白状使いだから、白杖をドンって当てて、何個目の電柱だって。

田中　塀の中に電柱があるから、当たれないかも。

真しろ　じゃあ、塀をガンガンやるしかない。

平海　でも、木の下に得体の知れないカラフルなものがある。どうするの、得体の知れないものが落ちてたら。

真しろ　あーあ、やっちゃった！って。

平海　襲ってくるかもしれない。

岡野　ちょっと不思議なのは、マンホールの位置。下水道のマンホールって道が交差したところにあることが多いんです。わたしは白杖じゃなくて盲導犬と一緒だから、下に水が流れていると、「マンホールだ。じゃあ曲がり角だ」って。そこを支点にするときれいに曲がれるんだよ。

真しろ　あー、そうですね。

岡野　盲導犬って、左折は教えてくれるけど、左側通行のところで右を教えられないんですよ。そういうときに右に曲がる目印としてマンホールをよく使うの。たまに時間帯によって水が流れてないと、「おや？　この辺のはずなのに」と。

真しろ　でも、誰でも歩き方によってどの道にするかってありますよね。

絵になる情報、絵にならない情報

真しろ　これはまだ絵にはなってないけど、一番想像をかき立てられる。好きかどうかと言われても、ちょっと困っちゃう。

田中　最初、情報でしかなかったものは、もうちょっと実感として持てました？

真しろ　実感にはなったんですけど、絵ではないです。それこそ、ＲＰＧの情報があるみたいな感じで、音が流れてきた。左、右の矢印を十字キーで選択できるようになってて、エンターを押すっていう状態。パソコンの前で。

田中　不穏な感じはしますか？

真しろ　それは感じます。

田中　どういうところから？

真しろ　うーん。やっぱり暗いとか、お墓があるとか。この道は人気もなさそうだし、歩きたくはないけど、入っちゃったものはしょうがない。

林　この作品自体からそれは感じますか？

真しろ　それはないですね。何も感じない。悪いも良いもないです。ただ見ている感じ。

岡野　わたしはこのシリーズを知ってるからっていうのもあるけど、逆にその、不穏さを出そうとしてるのを楽しめる感じ。

田中　ああ。そういう要素がちりばめられてるなって？

岡野　やってるなって。Ｙ字路シリーズが好きなので、Ｙって聞いた瞬間にイメージができあがっちゃってる。

夢の世界のつくり方

平海　夢の中の世界。
岡野　リアルっぽいけど、非現実的。
岡野　うん。夢っぽいじゃないですか。象徴的っていうか、緑の木がこっちにあって、こっちにお墓があって。
田中　記号的ってことですね。
真しろ　やっぱり夢のつくり方が違う。
平海　夢の中で、今まで見てきたものを総動員させて新しい部屋とかつくっちゃうんですよ。知らない人が出てきたりもする。
田中　それは視覚的に見ますか？
平海　はい。
林　でも平海さん、料理してても知らない方向には行かないんですよね。
平海　行かないですね。
林　でも夢には知らないものが出てくる。
平海　確かに。
林　僕、料理とか即興でつくるけど、夢には知ってることしか出てこない。
田中　わたしもそうかも。
真しろ　え、そうなの？
平海　えー！
林　こんな面白そうな夢、見たことない。
田中　みんなファンタジーですね。
岡野　何度も出てくる人とかいますよ。またこの人。誰？　みたいな。
真しろ　夢トークは尽きない気がするな……。
林　僕は絵を見る楽しさはそういう、現実を少しずらして知らない一面を見ることだと思う。僕、この絵には、絵の楽しさがすごいあるなって。
田中　こういう場所自体はありそうだけど、こういう世界として体験してないですよね。
真しろ　そうそう。でも、やっぱり自分は絵として捉えてないし、不穏さもなくて、ただその状況を知っただけ。でも楽しいです。

岡野　あ、そうなんだ。いや、絵として認識してないっていうから楽しくないのかなと思ったら、楽しいは楽しいんだ。

真しろ　はい、楽しい。

林　一個目（サム・フランシス）は絵でした？

真しろ　んー、絵ですね。自分は、一個目が本当に絵って感じがしました。

鑑賞3

横尾忠則《運命》

田中　次は、同じく横尾忠則さんの作品で、わたしが個人的に好きな絵です。

AIの描写①

絵画の説明をします。

- 暗い背景に、赤い大きな木が中央に描かれています。
- 木の幹は太く、上部は見えません。
- 木の周りには、光る点が多数あり、幻想的な雰囲気を醸し出しています。
- 木の前には、赤い布をかぶった人物が二人、手をつないで立っています。
- 人物たちは背中を向けており、顔は見えません。
- 人物たちの足元には、木の板でできた橋があります。
- 橋の下には、緑色の丘があり、その上にも光る点が描かれています。
- 絵の右下には、赤いレンガのようなものが見えますが、詳細は不明です。
- 絵全体に神秘的で幻想的な雰囲気があります。

何が何だか……

真しろ　えっ、これはちょっとまだ絵になってないな……。

岡野　橋の下に緑の丘っていうのは？

真しろ　下って何？

岡野　そんな高いとこにいるの？

平海　いや、もう何がなんだか……。

林　緑の丘ってちょっと違う。

田中　ちょっと寄って撮ります。右下の部分。

AIの描写②

画面の上部には赤い風景に暗い木々のシルエットが描かれています。中央には緑色の丘があり、その上には色とりどりの光の玉が浮かんでいるように見えます。丘の上には小さな黒い虫のようなものが描かれています。光の玉は黄色、オレンジ、青、白など様々な色で、キラキラと輝いているように見えます。画面の下部は白い無地のスペースです。全体的に幻想的な雰囲気の絵です。

岡野　そんなにきれいなんだ。

田中　一番大事なことを言ってくれないな。

真しろ　やっぱりこの人にとっては丘なんですね。

田中　これはもう訂正しちゃうと、緑の葉っぱ。細長い葉っぱがあって、その上にホタルが。

林　黒い虫って言ってたのがホタル。二匹がお尻をくっつけ合ってる。

平海　虫は一匹ではないんだ。さっきよりもわからないな。

断言するＡＩ

田中　人物がいる真ん中を撮りましょうか。

Aーの描写③

この絵は、宇宙をテーマにしたもので、赤と黒の背景に、星や惑星が描かれています。画面の中央には、赤い服と茶色のブーツを履いた二人の人物が後ろ向きに立っており、その顔は見えません。人物の一人は、右手にパイナップルを持っています。彼らの下には、鉄道のレールが描かれており、その下には地球のような惑星があります。右上には、ピンク色の布が中に浮かんでいます。全体的に幻想的な雰囲気のある絵です。

岡野　え？　ちょっと待って。

田中　パイナップルが面白くて（笑）。

岡野　さっきとイメージが違う。

林　あれ、人変わったよね？　たまにこういう、主観を断言する人いるよね。

岡野　こういう人多い。

真しろ　ワークショップの参加者でこういう人いますね。ちょっと物語みたいなことを言う。

田中　この布のことは言わなきゃいけない。

平海　なんで布ってわかるのかな。

田中　布はね、この絵の中でかなり印象的なんです。うすーいカーテンみたいな。

岡野　え、本当に？　さっきは橋って言ったけど、レールになってる。橋なんですか？　レールなんですか？

田中　「鉄道のレール」と言っているけど、橋だと思います。人が一人やっと歩けるぐらいの。

林　木の板を連ねて作ってる橋。

真しろ　宇宙で鉄道って銀河鉄道しかなくない？

岡野　え、橋の下には本当に惑星が見えてる？

林　僕は最初、「光の玉」って言ってたのが、銀河系がいっぱい、ちっちゃくあるように見えた。

赤い部分の謎

岡野　最初に、でっかい赤い木って言ってなかった？

田中　そう、赤い木はわからないですよね。多分、描写できない要素として、画面の真ん中に、なんて言えばいいんだろう。赤い雨が降ってるみたいな感じ。赤い霧なのか、雨なのか。

真しろ　霧っていうのは水分的な霧？　ガス？

田中　ガスっぽい。

林　でも縦に線が入ってるから、霧という感じでもなくて、雨でもなく。

岡野　雨みたいに見えるけど、星空なの？

田中　上には星が。赤い物体、なんだろう。

佐々木　赤く塗ったっていう感じですよね。

田中　何と思って塗ってるのかね、ちょっとわからない。その上に銀河が広がってる。

岡野　それで、雨みたいな赤いのが降ってる下に、ピンクの布が宙に浮いてて？

田中　布は赤い雨の上の方に浮いてて。人物二人がすごい大事なのに描写してないな。

真しろ　ていうか、パイナップルってなに？

田中　パイナップルめっちゃ面白かった。カゴに入った、野菜なのかな？

林　茶色い藤みたいなので編んだカゴに緑色の。

真しろ　人物の「顔は見えません」って。

岡野　後ろ向いて、手をつないで？

田中　見て大きな印象としてあるのが、人が赤い雨によって消されてるっていうか。

岡野　え、そうなの？

田中　はい。ＡＩは、「後ろ向きに立って」いるって言うけど、明らかにこっち向いてるんです。

真しろ　一人の人しかカゴを持ってないんですね。

田中　で、もう一人なんてもう。

林　消えてる。

田中　太ももから上が消されてるから、何を持ってるのかすらわかんない。

岡野　あ、顔もないの？

田中　ないない。

平海　雨で隠れてるって感じですか？

田中　隠れてるっていうか、隠されてるっていうか。勝手な妄想をすると、ＵＦＯとかで異界に連れていかれるみたいな印象。

岡野　あ、そんな感じ？　光が当たってて。赤い光が差してシューっと上に。

田中　うん。で、既に上半身は行っちゃったみたいな。

真しろ　え、でも手をつないでる？

田中　つないでいるかどうかもわからない。

林　見えてない。

岡野　あれ？「つないで立っています」って断言してましたよ。

真しろ　今回、断言が強いな。はっきり「宇宙をテーマにした作品」って。

岡野　「橋の下に地球のような惑星が」とか言ってました。

平海　なかなかメルヘン。

田中　描写してない要素としては、背景に岩なのか島なのか、転々としてるんですよね。そのことを地球って言ってるのかな。

平海　何もわからない。

岡野　光の玉はどのへん？

田中　右下と、上の方。

林　全体に散らばってる。

岡野　あー、そう。いろんな色で？

林　うん。いろんな大きさで。

岡野　それとは別に星空があるの？

田中　上にね。星空なのか。なんだろうな。ちょっと金みたいにも見えるピンク色なんですよ。

岡野　あ、そうなんだ。

田中　カビみたいにも見える。

真しろ　カビ……。

岡野　いわゆる星空のイメージと違うんだ。

佐々木　ちょっと違います。

平海　今日イチでわかんないな。

田中　妖艶な感じ。

この二人って？

岡野　ピンクの布ってただの布で、その上に誰か乗っかってるわけじゃない？

田中　布が、宙に浮いてるんだけど、誰かが後ろから持ってるのか、被ってるのかわかんない。うねうねってしてる。

林　両手でこう、持っているみたいな。盛り上がりが二つある。

岡野　上からバサってやってる？

田中　それか、中に入っているか、どっちか。

林　あ、だから、この足しかない子どもに、僕は子どもかなと思ったんですけど、少年少女にこのベールをかけてあげようとしてるみたいな。

岡野　子どもっぽい感じの体型なんだ。

田中　そうそう。着てる服が。子どもが着るような短い赤いスカートに白い太い線が。

岡野　女の子？　二人とも。

林　スカートと、半ズボン。

真しろ　この二人って、友だち？

田中　わからない。

林　でも、距離的にはなんて言うんだろう。同じ方向を向いているし。

田中　たまたま出会った人たちではなさそう。

なぜか終わりを感じる

田中　今、上の方を撮ってみました。

AIの描写④

この絵は、宇宙を背景にした不思議な雰囲気を持っています。背景は暗い宇宙空間で、星や惑星、彗星が描かれています。中央には、赤い壁のようなものがあり、その前には二人の人物がいます。彼らは背中を向けており、顔は見えません。一人は赤い服を着ており、もう一人は青い服を着ています。赤い服の人物は、頭に布を被っていて、その布が風になびいています。彼らは木製の橋のようなものの上に立っており、その下には緑色の曲がった構造物が見えます。全体的に、幻想的で神秘的な雰囲気を感じさせる絵です。

岡野 **真しろ** 彗星！

真しろ やっぱり宇宙なんですね。

田中 彗星はわからないな。

岡野 頭に布をかぶってるんですか？

田中 いや、被ってない。

平海 「曲がった構造物」かぁ。

田中 緑のあれはどうしても葉っぱには見えないんだなあ。

平海 この絵、全然組み立てられないな。

田中 要素が多すぎる？

平海 要素が多すぎるのと、非日常すぎて、このまま終わりみたいな感じです。

岡野 橋は、どこからどこまで？

田中 全体が見えないからわからない。

林 画面の外まで続いている。

岡野 あー、そうなんだ。ホタルのいる葉っぱは橋の下に見えるわけ？

林 手前。画面の外側からにょきっと映りこんでる。

真しろ でも、悲しくないな。別に。

林 僕も悲しくはない。

真しろ でもやっぱり、絵ではないな、これも。

平海 『はなかっぱ』の終わり……。

真しろ 『はなかっぱ』!? 春夏秋冬の人だ（笑）。

平海　ＮＨＫのＥテレでやってる、頭に花が咲いているかっぱのアニメ。その絶望的な最終回ってこんな感じなのかな。

林　最終回が絶望的なんですか？

岡野　イメージしたらってことでしょ？

平海　そう。宇宙に連れて行かれるのは、『はなかっぱ』の展開にありそう。

真しろ　『はなかっぱ』ではないけど、物語の一場面を見ている。劇に近い感じ。

田中　あー、それはかなりそうです。

真しろ　何かがあって、終わりに近いんだけど、まだ続きがちょっとあって。

平海　絶望的に終わってくれた方が、余韻が残る気がする。

真しろ　いや、何かあると思う。この先に。

田中　何があるんだろう。

絵ではなくても面白い

田中　この絵のタイトルは《運命》です。

岡野　子どもたちは、体が急に消えてびっくりしたっていうよりも、そうなることがわかってて、この橋を渡ってきた感じがします。

林　あ、そうそう。驚いてる感じはしないですよ。足取りが落ち着いて、てくてくと。

田中　今にも動きそうな。足を踏み出してる感じが。

林　向こうから、赤の世界から出てきたのかもしれない。

真しろ　あー、出てきた！

岡野　出てきたっていう発想は、なるほど。

佐々木　あ、面白い。

平海　天国と地獄の狭間みたいな絵ですね。

真しろ　え、なんか、惑星移住って感じ。

岡野　惑星移住！

真しろ　こっちの宇宙じゃなくて、別の。親とかは？　二人で勝手に？

平海　ちょっと視覚化しづらいけど。めちゃくちゃ好きです。

真しろ　自分も結構好きかもしれないです。動きがあるので、展開があって。今までそんなに音がしてくるものがなかったけど、今回は、前後にいっぱい音がありそう。

林　でも絵にはなってないんですよね？

真しろ　絵じゃないですね、全然。舞台を見てる。

林　あー、面白い。

真しろ　でも、演出が大変なんじゃないですか。

佐々木　いろんなものを並べた絵ってよりも、少年と少女がいる絵と、ホタルがいる懐かしい絵と、宇宙の絵と、布が浮いてる怖い絵が、このキャンバスの中で出会ったって感じ。この絵の中で初めてミックスされたみたいな。だから、見たことない並び方というか。

林　違う法則のものが集まってきてますもんね。つなげられない。

田中　わたしはさっき林さんが言ってた、絵を見る楽しさみたいなのをすごい感じます。写真にはないもの。

平海　夢に出てきてほしいな。

岡野　夢で橋を渡ってください。

平海　そのままあの世に行っちゃいそう！

真しろ　わかんないけど、脚本にしてみたいかも。

一同　あー。

佐々木　読みたいです。

真しろ　自分が書くのはちょっと……。

平海　『はなかっぱ』の最終回、絶対これだと思うな。いやー、好きだな。

＊この鑑賞ワークショップは、二〇二四年一月二一日に東京都現代美術館にて行いました。視覚障害者に視覚的支援を提供するアプリ「Be My Eyes」に搭載された機能「Be My AI」（ChatGPT-4）を使いました。

忖度しないテクノロジー

鑑賞ワークショップを振り返る

田中　今日は四人で話したいと思います。「Be My AI」を使って一緒に美術鑑賞をした、岡野さんと林さんとわたし。そして大山さんをご紹介します。

大山　はい、大山匠《おおやまたくみ》と申します。田中さんの友人で、普段ＡＩの開発をしている関係で今回混ぜていただくことになりました。

田中　皆さんには、先日の鑑賞会を書き起こしたテキストを渡しました。

大山　すごく面白かったです。

岡野　改めて読み返したけど、やっぱり面白かったですね。

林　異様に寄り道が多い、ドライブする人々だなって思いました。この人たちのせいなのか、ＡＩのせいなのかよくわからない。

田中　そこが今日のポイントになる気がします。いかに寄り道できるか。

大山　夢の話をされたり。

岡野　あぁ、夢の話、面白かったな。田中さんと林さんが現実的なものしか出てこないって話にすっげえびっくりしました。カルチャーショックだったな。

田中　わたしも、逆に現実に見ないものを夢で見るってことがあるんだ！って思いました。

林　寄り道と言いつつ、何か関わってそうな話も多くて、面白いですよね。

ＡＩはいかに絵を認識するか？

田中　まず、素朴な疑問なんですが。美術館で撮った写真を、ＡＩは全部「絵」と言い切ってるんですよ。でも、それってポスターとか、他のものでもありうるはずなのに、なんでこんなに的確に「絵」と認識してるんだろう？というのが不思議です。

大山　そうですね。周りの状況、あるいはその絵のパターンや何かしらのスタイルが、データとして「美術館」に展示してある「絵」に紐づきやすかったんだと思います。ただ、ものによってはポスターとして認識されるものもあるかもしれない。

岡野　わたし、部屋にマティス展で買ったでっかいポスターを貼ってるんですけど。これを「Be My AI」でやるとね、「ポスター」とは言わないです。やっぱり「絵」って言います。

大山　たとえば、もっとポスターらしいポスターだったらどうですか？　映画のポスターみたいな。

岡野　あー、字が入ってたりね。

大山　はい。その場合には「ポスター」って言ってくれるかもしれない。もしかしたらパターンが少し違うのかもしれないですね。

岡野　絵画のポスターと実際の絵って、人間が見れば一目瞭然だけど、情報的にはそんなに差異がないですもんね。

大山　たとえば、周りの状況や紙の薄さといった情報が入っていれば、多少違うかもしれないです。

田中　あと、大きさは認識できていない。同じ作品でもポストカードを撮ることだってありうるし。もちろん作品の情報を学習させたら言うと思うんですけど。ＡＩは身体を持っていなくて経験することはできないから、まずは情報から入るんだと考えると、大きさや距離って、やっぱり体験なんだなと思ったり。

大山　面白いですね。たとえば人だとか、対比する何かが写っていると、ＡＩも相対的に見て「大きい」と言ってくれるかもしれない。自分の身体がない以上、比較するものがないとまったくわからないですね。

田中　身体がないＡＩとどう付き合っていくか？という話は、ヒントになりそうですね。

ＡＩにとっての抽象と具象

田中　一つ目のサム・フランシスの作品は、ＡＩの描写に「雫」という具体的なワードが入ってるのに「抽象」とも言われて混乱するという話から、「抽象って何なのか？」という話に脱線しています。ＡＩは、まず「絵」であることを仮定して、描かれたものの形を認識しづらかったら「抽象」と言う、みたいなことがあるんですか？

大山　どうですかね。おそらくＡＩは、絵であり、かつ、こういう絵でありっていうふうに、一つひとつ段階を追って考えているわけではなさそうです。絵の情報がデータとして与えられたときに、それを言語だとどういう表現になるのか考えて、変換する。絵の情報を言語にマッピングするところなったという方が近いです。

田中　段階的ではないって面白いですね。

大山　ただ、言語にもやっぱり「抽象的な絵」と「具象的な絵」があるので、その中で抽象側になったっていう感じですかね。

田中　あくまで、相対的な判断なんですね。

岡野　人物とか家とか、そういう具体的な情報に結びつくものがないと、抽象的って言ってるのかな？という気はしました。

田中　最後に見た、横尾忠則さんの《運命》は、人の目から見ると抽象的だと思うんですよ。あれに対して、ＡＩは抽象的とは言わず、「宇宙をテーマにしています」と言ってた。そこの感覚の違いも面白いなと思いました。

大山　どうなんですかね。横尾さんの絵は確かに、あまり直接的に読み取れない、シンボルとして描かれている。それをどう見るか、人によるところもあると思うんです。「Ｙ字路《暗夜行路　赤い闇から》」の方は、単純に「家がある」という見方もありそう。

田中 なるほど、具象と見る人もいるのか。人の見方の方が振り幅が大きいかもしれないですね。

ＡＩは主観を持つのか？

田中 見えている人からは、「カエルの卵」や「龍」という喩えが出てきました。でも、そういう個人的な経験にもとづいた比喩は、少なくとも今回使ったＡＩからは出てこなかった。ＡＩでも、エピソードトークや主観が強い説明をつくろうと思えばつくれますよね。主観と客観のバランスをどういうふうに計算しているのか、気になります。

大山 面白いところですね。主観と客観。ＡＩが使えるデータの中には主観的な文章もありますよね。たとえばエピソードっぽい文章が、ＡＩが学習したデータの中に入っていたなら、それっぽく言えるようになるだろうなと思います。主観と客観というよりも、マッピングを学習しているだけなんですよね。

田中 マッピングというのは、具体的にどういうことですか？

大山 マッピングは、「ある情報を他の情報の中の位置に割り当てること」を意味します。今回の場合、ＡＩは画像を認識して文章にマッピングをしています。たとえば、人の場合は、部分部分を見て「これが、ここにあるな」と認識すると思うのですが、ＡＩの場合は、与えられたピクセルの集まりみたいなものを、たくさんの足し算や掛け算によって別の値に置き換えています。その値から情報が抽出され、マッピングされた数字の羅列みたいなものが、何らかの情報を持っている。数字の羅列になってしまえば、画像もテキストも関係なくなるので、今度は言語の側にマッピングし直すと文章になる。なので、数段階あるとはいえ、数字を計算してマッピングしているだけといえばだけ。その中で情報がうまく取れたり、取れなかったり。

田中　うーん、なるほど。でも、思ったより主観的な言葉が入ることが面白いなと思うんです。「美しい」とか「穏やか」とか。そういうものをあえて入れないという判断もあると思うんですけど。やっぱり人に近づけるために入れてるんですか？

大山　今回のようなＡＩは、学習のために使うデータを人が頑張ってつくるというよりも、インターネット上に落ちているものを大量に持ってくるのが基本です。もちろん多少フィルタリングしますが、目的に応じて細かくデータを選ぶことはしていないんじゃないかと思います。インターネット以外からの情報も含むかもしれませんが、それらを使うことによって、情報をなんとなく取れるようになるというか。逆に、そこにない情報は、落ちていくことになります。そういうバイアスがかかるんだと思います。

岡野　ＡＩにとって、言葉が主観とか客観とかっていう区別は全然なくて。インターネット上に画像のあるデータとより結びつきの強いものが効率的によく出てくる感じかな？

大山　そのイメージに近いと思います。なので、その言葉がよく使われてマッピングされていれば、主観的であれ客観的であれ出てくる。

田中　あと、形容詞の中でも、「美しい」「穏やか」「静か」という言葉は使われても、「怖い」といったネガティブな言葉はなかった。あえて排除されてるのかわからないんですが、不思議でした。

林　確かに、無難な形容詞しか使ってない感じはする。

大山　「孤独」って言葉が一度出たみたいですね。「静けさと孤独感」。

田中　あー、ほんとだ。かなり固有の言葉ですね。これも、たまたまその辺にあったワードがランダムに選ばれたってことですか?
大山　そうだと思います。主観と客観の区別なく、使われがちであれば使われる。ただ、面白いのは、たとえばAIに「主観的な言い方をしてください」「客観的な言い方をしてください」と言ったら、ある程度やってくれると思うんです。それも同じように、ある言葉は主観に近いといったことも一緒に学習しているからなんです。
岡野　あたかも、人間が言ったことがわかっているかのように見えるけど、別にそういうわけじゃないんだ。
田中　たとえば、横尾さんの《暗夜行路　赤い闇から》は、撮るたびに描写がどんどん更新されていった。最初AIは「お墓」って言葉を出さなかったのに、わたしたちがお墓の話をしてたら、最後の方で「お墓」と言ったり。「一緒にいて聞いてるんじゃないか?」と言ってた人もいますけど。そこが、絶妙だなと思って。でも、それもこっちが勝手に解釈してるだけってことですよね。
大山　そうですね。もちろん、その作品に対して人が会話した情報もAIに渡せたら、そういうことにもなるかもしれないです。
岡野　何度かやるうちに「墓」が出てきたのは、単なる偶然。順番が逆の可能性もあった?
大山　そう思います。

情報によってイメージが塗りかわる

田中　サム・フランシスの話に戻ると、岡野さんのなかで、どう認識が変わったかをお話しいただけたらなと思います。最初、AIが「雫」「抽象的」「カラフル」といった描写をして、その後に人の喩えが入ってきたときに、どういうふうに観る体験が変わりましたか?
岡野　わたしは中途失明なので、他の二人よりも頭の中で絵をイメージしていく傾向が強いんですよね。頭の中で絵がはっきりしないと、もどかしいっていうか。ＡＩの説明だと、イメージがはっきりしなかった。まず、管に見えるものについて、田中さんが「枝をポキッと折ったみたい」と言っていて、結構イメージできた。後半、「黒い線がうねうねしてる」というのも、それまでになかった情報だったので、あぁと思って。

　要するにイメージって、だんだん積み上がっていくのとは全然違って、情報が入るとリセットされて更新されるんですよね。だから「黒い線」が出てきたときに、もうガラッとイメージが変わっちゃった。わたしはこうやってイメージが変わっていくのが面白いので、鑑賞ワークショップによく参加してるんです。

田中　岡野さんの積み上がっていくのとは違うっていうお話、面白い。ＡＩが段階的に思考しないのと通じますね。

大山　ＡＩは毎回、撮るたびに違うことを言う。もしかしたら人もそうなのかなっていう気もしますね。見るたびに違うように見えたり。

田中　うん、あるかもしれない。最初は作品全体を引きで撮って、次は寄って撮っているんですよ。なので、人と同じように、遠くだと見えてなかったものが、寄ることによって見えてきたんだと思うんですけど。それ自体も、一緒に見てるような感覚があって、面白かった。

対話によって途中を紐とく

大山　今回のＡＩが入った鑑賞会は、普段のワークショップとどんな違いがありました？

林　人間同士でやっていると、だんだん変化するプロセスが一番面白いんです。さっき岡野さんが言ったみたいに、一個一個積み上げていく単純な作業じゃなくて、ものが変質するプロセス、その途中が面白い。だから、いつも二時間くらいじっくりやります。その時に、一つの仮説みたいなものが必要なんです。だから今回のＡＩみたいに、即時に迷いなく断言する話者がいると良いスタート地点になる。実生活だと、迷いなく断言する人ってちょっと怖いし、「大丈夫か?」と思うんだけど、ＡＩは人格がないから。ＡＩが断言したことに対して、みんなが「ん?」となって、岡野さんが肩を掴んで「ちょっと待って」と言って、途中を紐といていく時間が始まる。だから、全然違うわけじゃないけど、このＡＩのおかげで面白さが生まれてたなって感じはしました。サム・フランシスの作品は特に。

田中　ズバッと言う面白い人が入ったワークショップみたいな。確かに人間同士だと、お互いを見合って「こんな主観的なこと言っていいのかな?」となるかも。

岡野　わたし、今回、「Be My AI」の反応にびっくりしたんです。今まで家のポスターでやると細かく説明していたし、外の風景だと、すんなり客観的に説明していた。同じ風景を二回撮っても、基本同じこと言うし。美術館の絵でもそうなんだろうなって思ってたんだけど。特に、横尾さんの作品のときのハチャメチャな主観ぶりが「あ、絵だとこんなになるんだ!」って。

林　だから岡野さん、肩掴みがいがあったんじゃないですか?

岡野　うんうん。ツッコミどころ満載でよかった。

田中　横尾さんの作品のときは、ＡＩの面白さがかなり引っ張ってくれて、人はＡＩのサポートに回っていたけど、サム・フランシスの作品はどちらかというと人が牽引して、「カエルの卵」とか「龍」とか「お正月」とか、突拍子もない比喩がいろんなイメージを塗りかえていたなと。横尾さんの作品の時、人からあんな突飛な比喩は出てないんですよね。

岡野　確かに違いましたね。

田中　サム・フランシスの時の方が、みんな元気だったのはある（笑）。四時間くらいかけて観たので、もう最後、疲れていたのもあるかもしれない。それにしても、サム・フランシスの方が、人間の比喩の幅があったなって思いました。

岡野　抽象的な方が、人間の想像力が広がりやすいんじゃないですか。だってカエルの卵と龍って、比べたら全然違うけど、それが出てくるキャパがある。横尾さんの絵だと、そこまで違わないですよね。だからわたし、今回ね、どっちもすごく面白かったけど、読み返して面白かったのは、むしろサム・フランシスの方。

田中　人は多分、横尾さんの作品の世界観の強さにある意味圧倒されちゃって、そこからすごく外れたことを言えないんじゃないかなって思いました。

大山　何を言っても間違える気がしますね。

田中　サム・フランシスの絵はそこまで強い誘導というか、メッセージや物語みたいなものが直接読み取れる作品ではないから、お正月という比喩も受け入れてしまう。

人間は道に意味づけをする

田中　いつまで経ってもY字路のことをＡＩが描写しなかったのは面白いなと。一般的にデータの中で道が主題になることがあまりないからですかね？

大山　そうかもしれないですね。対話のなかで面白かったのが、右に行くか左に行くか、行きたくないか。人間はなんとなく身体的に感じるものがあった。ＡＩはそういう捉え方は基本的にしてないんだと思います。あと、奥が暗いので、手前に地面があるのはわかるくらいで、ほとんど道に見えてないと思うんですよね。

田中　そっか。そもそも道として認識できなかったのかもしれないですね。

岡野　人間ってＹ字路というものに対してどっちへ行くかの決断とか、そういう経験的な意味づけをする。だから、横尾さんのＹ字路ってみんなが好きなわけじゃないですか。だけど、その意味づけってＡＩにはないんだなって。今回、人間って本当に文化的なバイアスでものを切り取ってみるんだなってわかったのも面白かったです。

大山　そういう経験はそもそもＡＩにはないですしね。道の分岐に、右はこれ、左はこれみたいなサインがあったら、理解したのかもしれない。よく使われてるシンボルだったら、情報としてマッピングされます。

ＡＩは美術鑑賞のパートナーになる？

田中　ＡＩがいろんな文学作品を読めば、人間世界での道の意味みたいなものも学習しそうな気がするんです。

大山　情報のマッピングとして可能だとは思います。でも、空間との結びつき方っていうのもまた面白いんですよね。人は経験をするときに、知覚的な情報だけでなく意味も同時に経験してるんだと思うんです。やっぱり情報を持ってきて、それをテキストにするっていうマッピングの限界と言いますか。行ったり来たりするって関係はあまりないかもしれないですね。

田中　行ったり来たりというのは、文字の情報と空間の情報を？

大山　人はその場に行ったとき、言語化する前からすでに何か感じていると思うんですね。怖さとか、決断しなきゃいけないとか。それがあって、改めて空間を体験する。先ほどのアート作品を観るのと同じように、それを繰り返しながら、ちょっとずつ体験の意味が変わっていくと思うんですが、ＡＩだと基本的には一方通行です。テキストの中だと、文学作品をたくさん読ませることもできるかもしれませんが、画像とテキストの場合、なかなかやりづらいんです。

田中 なるほど。たとえば、アート鑑賞に特化したAIもあり得るなと思うんですよね。それが面白いかどうかはわからないけど、アートの世界でよく引用されそうな文学作品とかを徹底的に読み込ませたら、批評家っぽいAIもつくれそう。

岡野 わたし、美術鑑賞に特化したAIでイメージしてたのは、イヤホンを付けて歩きながら絵の説明をしてもらったときに、「この作品の背景について説明して」と言うと、説明してくれて、「同じ頃に描かれた絵にはどういうものがあるの?」「同じ頃の文学作品だったらどう?」とか、その作品の歴史的背景を語ってくれたり、同時代に作曲された音楽をちょっと聴かせてくれたり。そういうのがあったら、一人で行っても結構楽しめるかも。

絵の捉え方の違い

田中 《運命》は、AIが最初からたくさん描写してくれたんです。なぜかここだけ箇条書きで。それらを整理してどこに何があるか、人の頭の中でマッピングする時間が長かった。その後AIが、まるで人が変わったかのように「宇宙をテーマにしている」と言って、そこから面白かったですね。

林 あ、今思ったけど、「Y字路」の方は一つの破綻のないシーンを描写してる絵だけど、こっちは宇宙とか子どもとか、異次元のものが混在してるから、AIは箇条書きせざるを得なかったんじゃないかな。

田中 なるほど、そうかもしれない。真しろさんは、生まれつき目が見えないですけど、「Y字路」は情報でしかないと言ってて、《運命》は演劇として体験したと言ってたのも面白いなと。「前後の時間を感じる」と林さんも言われてましたよね。

林　物語の途中みたいな。

岡野　この絵に関しては、撮るたびにＡＩが全然違う描写をするので、かなり混乱しました。だって、最初、「赤い大きな木」って言ってたのに、えっ、木じゃないの？とか。

あと、他の二人が「頭の中では一番イメージできなかったけど、一番面白かった」と言ったのが、わたしにはない感覚なので新鮮でした。

田中　あー、なるほど。

岡野　わたしは、イメージできないとつまらないんですよ。できないとすごく難しいっていうふうにしかならないから。捉え方が随分違うんだなって思いました。『はなかっぱ』の最終回とか言って、二人で共感してて、どういうこと？って思ってた。

田中　やっぱり物語なんでしょうね。

岡野　うん。イメージはできないけど、物語として捉えると面白そうってことなんだろうな。わたしは、イメージとして捉えようとしてるから、そういうふうにはいかない。

田中　岡野さんは、絵っていうものを想像して、そこに何かを塗っていったり、描いていったり。他の二人は物語の方が入りやすいんでしょうね。

岡野　わたしは見えてたときに絵を散々描いているし、観ているから、どうしてもそういうものとしてイメージしようとする。映画もそうなんですけど、全盲の方なんかは、その場面の中に入って見てるって言うんだけど、わたしはあくまでスクリーン的に観る。それは全然違うんですよね。

田中　音声描写も、生まれつき全盲の人には画角という概念が伝わらないから、体験として受け取れるように書くというのがあるんですけど、中途失明の人は、「今何がどう映ってるの？」っていうのが気になりますよね。

岡野　そうそう。フレームがわかるから。

大山　さっき身体の話があったと思うんですけど、

やっぱりものを見るためには、距離が必要じゃないですか。物語って、そういった距離とは全然違う話なのかなと。距離がないと見えないけれど、そうでない形でその作品の世界観を楽しむ方法があるっていうのは、面白いですね。今回のＡＩではなかなか難しいと思います。

岡野　先天（先天性全盲）の方は、遠近法が何のことだかわからないっていう。「遠くにあるものがちっちゃく見えるってどういうこと？」と言うのを聞いて、距離を視覚に置き換えるのはやっぱり難しいんだなと思った覚えがある。その辺はかなり違うんですよね。

田中　ね。ただ人の目が前に二つ付いてて、それで立体的に見えているだけの話ですよね。でも、ついＡＩを擬人化して考えてしまう。たとえば、《運命》でこんなにＡＩの描写が色々変わったのも、ある種、いろんな視点から物語を体験してるように解釈してしまうというか。

林　演劇って、観客が舞台のどこを見てるかはバラバラじゃないですか。役者を見てる人、照明を見てる人、小道具をずっと見てる人。それにも似てるんですよね。

田中　あー、なるほど。たとえば「Ｙ字路」も、部分的に撮ってみたんですよ。お墓の周り、真ん中の家、右側の木のところ。でも《運命》ほど大きくは変わらなかったんです。不思議ですね。なんでこうなったのか。

岡野　この絵は一番、ＡＩがブレましたよね。

林　点と点をつなぐ線を引きづらかったんじゃないですか？　お墓と路地だったらまだつなげやすいんだけど。

田中　あー、確かに。

大山　部分部分を見て、箇条書きしたくなるような感じがしますね。

岡野　うまくつなげられないから、ああいうふうになるのか。なるほどね。

田中　面白い。

林　で、その点と点がつながらない感じが、真しろさんや平海さんには、舞台っぽかったり、『はなかっぱ』っていう物語の一部として受け取られたのかな。

田中　真しろさんが「絵としては認識できない」と繰り返し言ってたので、じゃあ何をもって絵として認識できるのかと後で訊いたら、「紙に定着できるか」と言ってたんですよ。で、サム・フランシスのはなんとなくそれができる気がしたけど、他はそれができないから自分にとっては絵ではないと言っていて、面白いなと思います。見えてないけど、紙に定着するっていう概念はあるんだなと。

大山　それって、さっきのフレームの話とは違うのか、似てる話なのか。

田中　多分、二次元に落とし込むものが絵であるっていう情報にもとづいてる気がします。

林　形というより、物質性、フィジカルなものかどうかなんじゃないかな。

岡野　三枚目の絵は、紙には定着できないけど、物語や舞台空間として捉えたらイメージがより広がったんですね。

「イメージできてますか問題」

田中　鑑賞後、AIは重みづけしないで躊躇なく言うのがいいよね、という話になりました。それは、さっきちょっと出た、主観的な参加者がいる。その人が躊躇なく話すという状況と近いのかも。

大山　そうですね。同時に面白いなと思ったのは、AIが言ったこと自体が解釈する対象になるところ。みんなでAIが言ったことについて議論するところが面白いなと思いました。参加者っぽくもあるけれど、作品の側っぽくもあるというか。

林　それって、岡野さんは楽しかったですか？

岡野　うん。普段の、人だけのワークショップと違って面白かった。前段として情報を与えてもらう感じがいいなと思った。ＡＩにとりあえず言わせてみっか、みたいな。だけど、それだけだと物足りなくなって、そろそろ見えてる人の話を聞かせてよって思う。けど、順番が逆だと良くない気がした。

大山　あ、それ面白いです。ＡＩの言うことは話半分で聞けるというか、間違ってるかもしれないし、毎回違うことが言うみたいな。そういう気持ちで聞ける。

田中　人みたいに尊重しすぎなくていいってことなんですかね。

林　うん、それはすごく有益だと思いましたね。僕らのワークショップでもよくあるんです。率先して説明してくれるんだけど、「どうですか？イメージできましたか？」って、言質を取りに来る人。僕は「イメージできてますか問題」と呼ぶくらい、健常者から障害者に向けて行われる、マイクロアグレッション（小さな攻撃性、無自覚に相手を傷つける言動のこと）のひとつだと思っているんです。ＡＩはそれがない。ないどころか、ＡＩのテキスト自体も解釈の対象になる。それを生身の人間がやると、解釈の対象じゃなくて、忖度の対象になるんですよ。その人の説明にどう応えればいいのかな、みたいな。難しい空気感になっちゃうことがあって。

岡野　そうなんですよ。たとえば、誰かにずっと解説してもらうのって、贈り物をひたすらもらう感じになるんです。一応、贈り物だから「ありがとうございます」って受け取るけど、「え、まだまだ来るの？」みたいな。でも言えない。

文化人類学的な話ですよ。一方的に贈り物をどんどんもらうと、人間ってやっぱり苦しくなるじゃないですか。こういった鑑賞がいいと思うのは、そうじゃないところ。こっちからも返せる。これまでは、返せなかったじゃないですか。

林　それって人の関係を歪ませるものだから、いつも気をつけながらやっているんですけど、ＡＩに入ってもらうことで、そのメッセージを伝えやすくなるんですよね。テキスト自体には別に重みがないよっていうことを、身をもって証明してくれる存在。

田中　なるほど。わたしも障害のある人とプロジェクトをやるときの壁は、健常者と言われる人の手応えみたいなものだと思うんですよ。「イメージできてますか問題」もそうですけど、いつの間にか教える側、目線を下げる側になって満足する人が一定数いる。それを取り払うのって、やっぱり日常的にこんなに分離されて教育されて大人になった人たちには、すぐには難しいんだなって思うんです。でも、ＡＩはそういうことがバイアスなくできる存在ですよね。

大山　その意味で、先ほどの批評家ＡＩっぽくする話は、良くも悪くも……。

林　そう。別の権威が生まれるだけではないかっていう気がしますね。

田中　鑑賞って、権威性をどう全員が取り払えるかみたいなところが土台なんでしょうね。

林　僕らがやってることは、めちゃくちゃそれに尽きますね。マイノリティも権威になりうるし、障害当事者も威張りんぼな人はいるし。

岡野　そのうちＡＩの音声認識も、もっとできるようになるじゃないですか。まだろくに使ってないけど、ChatGPTに答えてもらったことにツッコミを入れると、反応が面白い。「これわかりにくいよ」と言うと、「すいません」と言ってきたりする。ゆくゆくは、「そんな権威的なこと言ってほしいんじゃねぇんだよ」と言えば、「あ、そうでしたか、すいません」って、言い直してくれたり。そうなったら、それはそれで面白いな。

大山　確かにそれぐらい忖度しなくていいけど、ちゃんと発言してくれる存在は、今までなかったのかもしれない。

田中　「Be My AI」にもさらに質問したら答えてくれるインタラクティブ性はあるけど、今回はみんなで観るので使わなかったんです。そういうのも、一人で鑑賞するためのツールになりますよね。

ＡＩに潜むバイアス

田中　「Ｙ字路」は、たくさん脱線して盛り上がりましたね。「夢の中の世界」って平海さんが言っていて、それは《運命》にも通じるし、横尾さんの作品の世界観を掴んでいるなと思いました。

大山　わたしは、歩き方の話が好きでした。マンホールであったり電柱であったり、同じ情報を受け取っても、全然違う際立ち方をするのだなと。その辺、ＡＩが学んだものの中には偏りがあって、マンホールが際立ってはいなかった。

田中　結局、ＡＩがもとにしているデータってマジョリティのデータで占められてるから、そうじゃない人の視点や経験って、情報として今はほとんど入ってないですよね。

大山　そうですね。たとえば、マンホールの下で水が流れる音って、わたしはほとんど意識したことなかった。ＡＩも同じように学習した中ではその情報は近いものとしてマッピングされてないんじゃないかなという気はしますね。

ＡＩのデータの偏りの問題も、ChatGPT のようなモデルが出てきてから面白い研究が発表されています。あちらを立てればこちらが立たずみたいなことも。たとえば、危険なことを言わないようにすると、そこでまたバイアスがかかって、マジョリティ優位になる。ただ、今までのように学習前にデータを見て、データのバイアスを取るのとは違う。大量のデータでＡＩを学習させてしまってから、対話しながら隠れたバイアスを発見するような研究がたくさん出ています。

田中　そこに対して、アクセシビリティがどんどん向上して、いろんな人が参加するようになると、さっきのマンホールの話のように、健常者の文脈に入ってない話が増えていく。それがまず重要だと思うんです。

たとえば、英語だとあからさまで、医者とか教授とか、ChatGPTで権威がありそうな職業について言及すると、代名詞に「ｈｅ（彼）」が使われるんですよね。まだまだそういうバイアスがある。

林　こっちが無意識に内面化してたら、気づけないでスルーしちゃうってことですよね。

田中　だから、チェックする人間の役割がますます重要になってきている。

大山　そうですね。もちろん人間が監督して修正するっていう研究はたくさんあるんですけど、ＡＩの方が賢くなりすぎて、人間の修正できる範囲の限界も見えてきているようです。そうすると、ＡＩが、人間の認識できない弱みをついて、ずるがしこく学習することがあるようです。なので、人間が網羅的にチェックすることができなくなって、むしろ危ないところが残ったり、危ないところをさせてしまうようになる。ちょっと複雑になっています。

ＡＩには見えないこと

岡野　この間、盲導犬のパピーウォーカー（里親ボランティア）さんが「まだ来たばっかりで腕の中ですごい緊張してる写真です」って送ってくれた子犬の写真を「Be My AI」に読ませたら、「子犬は腕に抱かれて、すごく穏やかな表情をしています」と言って、「おい！」となって（笑）。さすがに犬の表情までは読めないんだなと。

田中　穏便に済まそうとするんですね。

林　犬が抱かれてるってシチュエーションだから？

岡野　そうかもしれない。腕におとなしく抱かれてる時点で落ち着いてるんだろうっていう、文脈に寄ってっちゃう。人が見ると、犬が固い表情してるなと明らかにわかるのに。

田中　パッと見て感じることとは違うレベルで機微を感じとるのは、人ならではなんだろうな。

大山　今、思いついた。たとえば、誰かがタンスの角に小指をぶつけている瞬間の写真を撮ると、人は「痛い」が先に来ると思うんですよね。でも、すごく小さいところじゃないですか。小指が。それは、ＡＩはなんて言ってくれるんだろう。

林　「人がタンスの横を穏やかに歩いています」みたいな（笑）。

多義性のある言葉がイメージを広げる

田中　岡野さんが前に林さんとのインタビューで、「何をもって鑑賞というのか」についてお話しされていたときに、詩のことに言及されていたのが面白かったです。横尾さんの《運命》もそれに近いのかな。合理的じゃない言葉が持っている多義性が無意識に作用する。それによってイメージが飛躍できることが、岡野さんのなかで重要なんだなって思ったんですけど。

岡野　うん。データをジグソーパズルみたいに積み上げていく方法だと、たどり着かないんですよ。言葉にはやっぱり多義性がある。たとえば、マニュアルの文章だと、多義性がすごく抑えられて、誰でも共有できるひとつの理解にたどり着くことが目的じゃないですか。詩なんかだと、やっぱり一個の単語がバーンとイメージを広げる効果を持っている。

田中　『音で観るダンス』でも、三年目の詩人の大崎清夏さんのガイドが一番好きだっておっしゃってましたよね。少ない言葉でイメージの広がりを感じたと。逆に言うと、あんまり手応えがない鑑賞って、描かれてるものは理解したけど、イメージが飛躍することが起こらないってことなのかなと思うんです。今回のＡＩは、どっちにも振り幅があったなと。人が集まったときに、そこまでの振り幅ができる場合と、そうじゃない場合とありますよね。どういうふうに鑑賞ワークショップをつくっていけるのかを考えたときに、意外とこの振り幅は使えるんじゃないかなと思いました。

岡野 あぁ、そうかもしれないですね。『音で観るダンス』で言うと、わたしが最初にダンスの説明を聞いたときに、えっ？って思ったのは、なんだろうな。細かな説明がうまくいけばいくほど、説明はちゃんとできてて素晴らしくて、皆さんの努力は買うけど、これ全然面白くないんですけど、っていう。だから、「ベクトルが違うよ」と伝えて、それが三年目につながったと思うんです。だけど、他の方に聞くと、きちっと説明してもらった方がいいっていう人もいるみたいなんですよね。

わたしは、アート的なものは、楽しめないといやだなって。その「楽しい」って何なんですかね。

田中 自分が想像できること？

岡野 イメージがどんどん広がらないと、わたしは楽しいとはあんまり思えない。

田中 粘土をこねるみたいに（イメージを）つくっていくっておっしゃってましたね。

岡野 そう。結局、見えていたときみたいに見るのは無理なんですよ。だから、いかにそこに近づけていくかっていうより、いろんな人と言葉のやり取りをしながら、どんどんイメージが変わっていって、相手のイメージも変わっていく。コミュニケーションになってることが楽しい。やっぱりコミュニケーションだから。目を使う文化と使わない文化の異文化コミュニケーションの場になってることが、わたしは楽しいですね。

田中 うんうん。ＡＩとの対話も異文化コミュニケーションになり得ますか？

岡野 ある程度はね。なると思いますね。

大山　多義性の話で言うと、ＡＩが撮るたびに違うことを言うのも、もしかしたら面白いのかなと。

岡野　そうそう。それはいいですよね。

大山　マニュアルのように、この絵にはこの文章ってことが全然なくて、ブレる。人間の場合、一回言ってしまうと、頭の中がもうできあがって訂正できなかったりすると思うんですけど。

岡野　撮るたびに違うこと言うのは、すごい面白かったな。風景だとそうならないから。こんなに違って、時にはこんなに臆面もなく、ツッコミどころ満載なこと言う。「おもろいな、お前！」って。

林　見える人も、ＡＩに言われたことで「あ、パイナップルに見えてくるわ」とか。見える人は特に、言葉の多義性にジャンプするには、外からの、他者の体系が必要っていうか。それにはなり得てたと思いましたね。

大山　今後ＡＩはいろんな方向に進んでいくと思うんですけど、ブレがなくなる方向に行くと、ちょっと面白くないですよね。同じ絵だったら同じことを言うようになってしまうと。ある意味、ＡＩにとっては進歩かもしれないんですが。

適当さが生むインタラクション

田中　終わった後に真しろさんが、すっごい個性の強いＡＩをつくって対話相手を選べるようにしても良さそうって話をしてましたが、それも全然できますよね。

大山　そうですね、そう思います。

田中　そういうカスタマイズを自分たちでできるようになってくると、たとえば岡野さんには絵として イメージできるように何が映ってるか描写してほしい、真しろさんや平海さんには見えているものより世界観を描写してほしいっていうふうに、もっと個人に寄り添ったテクノロジーになるんだろうなって思います。

大山　カスタマイズの一部だと思うんですけど、インタラクションも面白いですよね。もっとこうしてくれと言えば、対応してくれる。毎回間違えるかもしれないけど、それは人間がつくっても同じ。

田中　間違いに寛容になるっていうのも、いい効果かもしれないですね。

林　このインタラクションの楽しさと不安定さをちゃんと言っていかないと、どんどん一義的な機能のツールになって、今ある音声ガイドと似たような誤解が生まれると思う。音声ガイドの言葉を推敲していけば、より万能なツールとして機能が高まる、という誤解。音声ガイドって、世界を表すめっちゃ偏ったひとつのテキストに過ぎないのに。

田中　確かに。それもこの実験を通して伝わるといいなと思います。

大山　普段ＡＩをつくっているので、どちらかというと正確にとか、パフォーマンスがよくなるように考えることは多いんですが、そうでない、毎回違ったり、一貫性がなかったり、適当さがあるところが、むしろインタラクションっていうのは、目から鱗でした。なんとなく、岡田美智男《おかだみちお》さんの「弱いロボット」を思い出しました。できないことがあると認識することによって、むしろうまくインタラクションができて、可能性が広がる。ちょっと未熟なＡＩ。

田中　今が面白いのかもしれないですね。それこそ、みんなでつくってる段階。

林　ちゃんとしないでほしいな。怖いっすよ、それ。

田中　正解になっちゃいますもんね。そこそこのところで止めてくれないと。

大山　進化した先でも、もうちょっと適当なことを言ってくれ、みたいな。

岡野　だって、そうならないと、そのうちＡＩから「イメージできましたか?」って訊かれますよ(笑)。

＊この対話は二〇二四年二月二一日に行いました。

田中みゆき、菅 俊一、野村律子『ルール?』(2021年)

4　障害のある人の文化から捉え直す

疑似体験と生きられた経験
lived experience

目が見えない人は、どのように世界を捉えているのだろう。それは、視覚に大きく依存している人にとっては、絶望的な響きを持つとともに、誘惑的な問いでもあるようだ。古代ギリシャの時代から現代まで、シェイクスピアや谷崎潤一郎などによる文学のほか、映画やテレビドラマ、アニメなど、目が見えないことをメタファーにさまざまな物語が描かれてきた。

では、目隠しをしたら、その世界が少しでも体験できるのだろうか。たとえば目隠しをして家の中を歩いてみる。最初は怖いという感情が支配するだろうが、少しずつ壁や柱を触って部屋の形や自分の位置を確認することができるようになるだろう。しかし、それだけで目の見えない人の世界を体験したと言えるのだろうか。

岡野さんの発言（六三頁）にもあったように、障害のある人とない人の違いを、特定の感覚の有無ではなく、拠り所とする感覚の違いとすると、「環世界」が異なると考えることができる。環世界とは、ドイツの生物学者、ヤーコプ・フォン・ユクスキュルが考えた概念で、生き物がそれぞれに固有の感覚をもって主体的に構築している世界のことを指す。よく例に挙げられるのは、ダニや犬だ。たとえば、マダニに視覚や聴覚はなく、血を吸うための血の特定の成分を嗅ぎ分ける感覚と、生き物の温度を感じる感覚があるだけらしい。マダニはそれらを駆使してターゲットとなる動物の上に落下し、触覚を使って毛をかき分け、血を吸うという行為を達成するのだ。動物に限らず、異なる身体を持っているということは、その身体固有の道具や環境との付き合い方が生まれ、コミュニケーション方法が生まれ、他者との付き合い方が生まれるということだ。つまり、障害のある人はそれぞれに固有の文化を持っていると考えられる。

たとえば、何かをするにも自分が含まれていない社会を自分に引き寄せることから始めることや、周りの常識が自分とは違うことなど、障害のある人全体が共有する「障害者文化」があると言える。また、同じ種類の障害のある人のコミュニティのなかで共有される「あるある」も文化のひとつと言ってよいだろう。もちろん人は同時に複数の文化を持ちうるので、障害に由来する文化がどの程度その人の人格や生活に影響しているかは、人によって違いがあるだろう。

わたしは、障害のない人にも多様性はあり、それぞれの環世界を持っていると思う。ただ近代の社会においては、社会生活に支障のない違いはないものとしておく方が都合が良いので、そのように思わされてきたのではないだろうか。

違いの振り幅で考えれば、障害のある人は、ない人と大きく異なるとは言えるだろう。ただ、障害のある人の環世界も、障害のみからつくられるわけではない。よくある誤解に「目が見えない人は耳が良い」というのがあるが、それはすべての目が見えない人に当てはまることではない。

確かに人間はひとつの感覚を失うと、全体の感覚の再編成が多かれ少なかれ行われると言われるが、周りにいる中途失明の友人のなかには、聴覚に関してはそれほど変わっていないという人も多い。たとえば岡野さんは、聴覚よりも、足の裏の感覚が鋭くなったという。足の裏の感覚で道を覚えたり、昔その場所に来た記憶を急に思い出したりするらしい。

失明した時期によっても、感覚の使い方は大きく異なる。部分的に見えているのか、まったく見えないのかでも、視覚への依存度が変わってくる。わたしはさまざまな障害のある人と接してきたなかで、人間に与えられた感覚の総量は同じで、障害の有無によって傾向はあるものの、その配分が一人ひとり異なるというだけの話なのではないかと感じるようになった。たとえば障害に当てはまるものがなくても、方向感覚は圧倒的に欠けているが、時間の感覚は人より強く持っているという人がいるように。

つまり、それくらい一人ひとり異なる環世界を、たとえば「目隠し」や「車椅子」で体験しようとすることは、日常生活における機能的な側面だけを取りだしてわかったつもりになるだけなのではないだろうか。それは、一人ひとりが持つ豊かな人生や経験とともに受容されなければ、単に能力の欠如で障害のある人を見る、医学モデル的なアプローチに陥ってしまう。その一瞬の体験では機能が「ない」ことが強調されるが、障害のある人はそのこととどう付き合っていくかの過程も含めて経験しているのだ。

あるいは、「暗闇を歩けてすごい」など、障害のある人を深く知ろうとせずに一方的な感動の対象として消費する「感動ポルノ」[1]を生みだす危険性もある。これまでも映画やドラマ、報道などで行われてきたことだが、障害のある人が超人的な能力を持っているように描いたり、困難を克服する姿ばかりが強調されたりといったものだ。そのようなことが行われてきたのは、障害のある人の現実よりも、障害のない人が伝えたい物語にとって都合の良い描写が優先されてきたからだ。それは、障害のある人との距離を縮めるどころか、不必要な期待や先入観を障害のない人に持たせ、その姿に沿わない障害のある人をさらに排除するという弊害を生んできた。

アメリカの障害のある人たちのなかでも、障害を疑似体験することはしばしば批判されてきた。なぜなら、障害について語るうえで、身体あるいは感覚などの特性だけでひと括りには決してできない、障害のある人によって生きられた経験[2]（lived experience）を当事者が語ることが大切だと考えられているからだ。それには、一人の人が障害のある身体を持つことにより社会のなかで受ける差別、障壁を乗り越えるために日々行っている工夫、障害があるからこそつくることができた他者との関係性など、さまざまな個別の経験が含まれている。

1　オーストラリアのコメディアンで活動家のステラ・ヤングによって提案された概念。障害のある人を、障害のない人を感動させるための消費の対象とするコンテンツを指す。

2　現象学における概念で、ドイツ語の「Erlebnis」（体験）の翻訳として英語圏では「lived experience」と訳されており、その日本語の定訳が「生きられた経験」とされる。わたしたちは、ある体験の渦中にいる時点ではそれ自体を捉えることはできず、「生きられた」ものとして反省的に捉えることによって、そこに意味を見出すことができるということを表している。

生きられた経験の観点から考えると、障害は疑似体験できるものではないことがわかる。そして、障害のない人たちが障害を悲劇として消費することに慣れ過ぎてしまっているのは、社会全体として障害のある人の生きられた経験の多様さに目を向けてこなかったことが原因ではないかと思う。

中国系アメリカ人の活動家であり、脊髄性筋萎縮症《せきずいせいきんいしゅくしょう》を持つ車椅子ユーザーのアリス・ウォンは、現代の〝普通の〟障害のある人たちの多様な経験を伝え、長年変わらないマスメディアにおける白人男性中心の障害者の表象を変えたいと、「Disability Visibility（障害を見えるようにすること）」というオンラインコミュニティを立ち上げた。そして、ポッドキャストや本などを通して、多くの人が想像しえない、障害のある人たちの生きられた経験にもとづく物語を発信している。たとえば本では、脳機能に障害を負った作家が、同じく脳機能に障害を負った当事者と友人となり、二人が協働しながら小説を書き上げる過程が描かれている。そこには、失ったものを共有するだけでなく、残った体の機能を生かす工夫や相互依存の美しさが描かれている。他にも、障害のあるクィア[3]や先住民族など、これまでスポットライトを浴びてこなかった人たちの物語も多く含まれている。疑似体験をしてわかったつもりになるのではなく、マスメディアに流通する型にはまった障害者像を塗りかえるくらいの、簡単にはわかりえない生きられた経験こそが、まだまだ知られていく必要があるのだと思う。

3　異性愛者とシスジェンダー（生まれた時の性と性自認が一致している人）以外のすべての性的マイノリティを表す呼び方。

アメリカで学んだ、コミュニティとともにあること

アクセシビリティの現実

車椅子ユーザーであるアーティストのパーク・マッカーサーは、二〇一四年に、マンハッタンのギャラリーで「スロープ」というタイトルの展覧会を開いた。そこでパークは、ギャラリーや展示スペース、教育機関などから借りてきたさまざまな大きさや材質のスロープを展示した。床に一堂に並べられたスロープは、ひび割れた木片やアルミ板、キャビネットの扉など、一貫性のない素材で、いかに即興的につくられたものかを示していた。

それらはすべて、ニューヨークに引っ越してきてからの三年間に、パークがスロープを付けてほしいと直接要望を出したことで付けられたものだった。「スロープはない」と断られた施設を除き、何らかの解決策が施されたものが展示された。しかし一方で、それらはパークが声を上げ、働きかけなければ実現しなかったものだ。つまり、それらがギャラリーで展示されている間、スロープが設置されていた施設には、別の誰かが掛け合わない限り、アクセスできなくなった（現地には、一時的にアクセスできないことと、スロープはギャラリーにある旨が書かれたサインが設置された）。

物理的なアクセシビリティが、それを必要とする個人の時間や余裕、エネルギーをかけた訴えがなければ対応されないこと、一度付ければ終わりと思われていることに疑問を投げかける試みだった。

二〇二二年の七月から二〇二三年の一月まで、わたしはアジアン・カルチュラル・カウンシルの助成を得て、ニューヨークを拠点に芸術やエンタメ分野のアクセシビリティについて調査を行った。ブラック・ライブズ・マター[4]をはじめ、コロナ禍にさまざまな格差や抑圧の問題が話題になるなか、マイノリティの間で連帯への意識が高まっていた時期だった。あの経験がなかったら、きっとこの本の内容はまったく違ったものになっていたと思う。

アメリカは、日本と比べてアクセシビリティが進んでいるイメージを持つ人が多いかもしれない。もちろんどのような視点から語るかにもよるが、街中で目に見える限り、アクセシブルとはとても言えない状況がある。地下鉄の駅から地上に出るのにエレベーターがなかったり、あっても壊れていることは当たり前のようにあるし、歩道も日本ほど整備されていない。点字ブロックはごくわずかしかなく、音が出る信号機には遭遇しなかった。ある意味、障害のある人に限らず、社会全体のインフラがどうしようもなく不安定と言える。しかし、誰もがその理不尽さや不便さを共有しているからこそ、他の人が困っているのを見かけたときに手を貸すのを厭わない人も多いと感じる。

渡米した直後のわたしは、アクセシビリティの先進的な取り組みを調べようと考えていた。しかし、現場を見ていくなかで、知るべきは障害者文化（Disability Culture）であることに気づいた。少なくともアメリカでは、アクセシビリティが障害者コミュニティとともにあるものだと痛烈に感じたからだ。つまり、本当の意味で生きたアクセシブルな取り組みを推し進めているのが、他でもない障害のあるアーティストたちだったのだ。

アメリカは、一九六〇年代から続いた障害者権利運動の末に「障害のあるアメリカ人法（Americans with Disabilities Act　略してＡＤＡ）」という障害のある人が障害のない人と同様に生活を営むことができる機会を保証する法律を、一九九〇年に世界に先駆けて制定した。それによって、アクセシビリティを担保しない事業主に対して、障害のある人が訴訟を起こしてきた。その結果、公共施設や公共事業、ビジネスなどは、アクセシビリティを提供するようになっているが、一般的には必要最低限の範囲に留まっているのが現実だ。そのため、障害のある人に情報が届いていなかったり、実際に利用しようとしても見つけられないということが各所で起こったりしていた。視覚に障害のある友人は、劇場で音声描写を聴くための機器を借りようとしたときに「運転免許証がないと貸せない」と断られて以来、一度も借りていないと憤慨していた。そんな障害のない人によるアクセシビリティは、しばしば「無味乾燥」と表現されていた。

4　アメリカで黒人男性が白人の警察官に首を圧迫されて死亡した事件を受け、全米に広がった抗議デモ。

一方、障害のある人が自ら主催するイベントでは、まったく対照的な風景が見られた。まず、自分たちのコミュニティが知っておくべき問題や見るべき表現があり、それを仲間と共有し語り合うためにアクセシビリティを高めるといった姿勢が感じられた。そしてそこには、実際に多様な障害のある人たちが集まり、障害者コミュニティが連帯する場となっていた。たとえば、障害のあるアーティストが主催する公演では、さまざまな観客に配慮し休憩時間が長く設けられることが多くあったが、その時間は集まった人たちが抱擁を交わし近況を共有する居場所となっていた。

二〇一〇年に制定されたCVAA法（21世紀の通信と映像のアクセシビリティ法）によって配信サービスのアクセシビリティが充実したことにより、障害のある人が家で見られるコンテンツは増えた。だからこそ、障害のある人たちが時間と労力をかけて公演などを見にくるのは、ただ見られればよいのではなく、社交や連帯の場としての意味合いも大きいということを感じさせられた。

コミュニティを結びつけるアクセシビリティ

アメリカにいる間に「アクセシビリティはチェックリストではない」という言葉を何度聞いたかわからない。慢性的疾患があるアーティストのキャロリン・ラザードが作成したガイドライン「Accessibility in the Arts: A Promise and a Practice（芸術におけるアクセシビリティ：約束と実践）」には、こんなことが書かれている。

「ADAに則っていることが、真にインクルーシブな文化空間をつくる唯一の方法ではありません。インフラだけでなく、施設をアクセシブルにする展示やプログラム自体も考慮することが重要です。展覧会、上映会、パフォーマンス、トークは、招き入れたいコミュニティを反映していますか？それらは、そのコミュニティの懸念、ニーズ、および論点を扱っていますか？　施設は、プログラミングと展示を包括的に考え、さまざまなコミュニティに入り込み、そこから広がっていく方法をどのように考えることができるでしょうか？」

その背景には、近年盛んに語られている「Disability Justice（障害者の公正）」の影響がある。それは、第二の障害者権利運動とされ、ADAの制定につながった権利運動が車椅子ユーザーの白人男性にスポットライトを当てていたことに対し、障害者コミュニティのなかでも人種や国籍、性自認、経済格差などでさらに周縁に置かれ見過ごされてきた人たちの権利を擁護しようというものだ。フェミニズム理論から生まれたインターセクショナリティ[5]が、その核となる概念のひとつとして挙げられている。こう書くと政治的なものに聞こえるかもしれないが、実際にはもっとシンプルで、「障害者」という括りではこれまで見えていなかったそれぞれの違いや共通点、

5　個人が持つ複数の属性が交差することによって起こる差別や抑圧を理解するための枠組みのこと。一九八〇年代にアフリカ系アメリカ人のフェミニスト、キンバリー・クレンショーにより提唱された。

生きられた経験を、互いにもっと知ろうとする態度として表れていたと感じる。

もはや障害者コミュニティとしての大きな関心は、障害のない人がつくったものにアクセスできるかではなかった。それにたとえ適切なアクセシビリティが担保されていたとしても、障害のない人がつくるナラティブ（物語）に障害のある人が回収されていくに過ぎないからだ。それらの物語には、しばしば障害者コミュニティへの偏見や誤解も含まれ、障害のある人にも内面化されていく。それに抗うためには、自分たちがつくり手となって発信すること、それに自分たちでアクセシビリティをつけていくことによって、自分たちのイメージを塗りかえていく必要がある。それは障害者コミュニティの連帯があってこそ可能なことであり、ともに自分たちのプライドを取り戻そうということなのだろう。

そんなことを言っても、障害のある人はあくまでアクセシビリティを提供される側であって、提供する側にはなれないだろうと思ったとしたら、それはエイブリズムだ。つまり、障害のない人を基準に、障害のある人を劣ったものと捉える差別である。そうは言っても、たとえば目が見えない人が一人で画像に何が写っているかを描写するのは難しいかもしれない。しかし、たとえばその人が、晴眼者に何が映っているかを描写してもらい、自分のなかでイメージし、それをもとに文章を組み立てるのはどうだろう。今ならＡＩもある。実際にそういった方法で全盲の人が音声描写を書くプロジェクトもあるのだ。晴眼者は障害のない人である必要はないし、別の障害のある人と組めば、障害者コミュニティのなかでできることを増やしていける。だからこそ、彼らは連帯するのだ。

視覚障害のあるエデュケーターのボジャナ・コクリアットと身体障害のあるアーティストのシャノン・フィネガンによる『Alt-Text as Poetry（詩としての代替テキスト）』は、障害のない人だけでなく、障害者コミュニティのなかでもアクセシビリティへの意識を高めるために立ち上げられたプロジェクトだ。視覚障害者に向けたアクセシビリティであるAlt-Text[6]（代替テキスト）を、本来の目的を優先しつつ、簡潔な言葉で想像を広げる詩の特性を生かすことで、みんなで楽しみながら互いのウェブのアクセシビリティを高めていけないかというのが狙いだ。彼女たちはワークショップの実施やワークブックの公開を通して、アクセシビリティを文化としてコミュニティに根づかせるような活動を行っている。

逸脱する時間と身体

障害者コミュニティのなかでイベントなどを開催するとき、タイトルに「Crip」という言葉が含まれることがしばしばある。「Crip」は、かつて蔑称として使われていた「cripple（不具）」を、

6　ウェブサイトに掲載されている画像や動画に付けられる代替テキストのことで、音声読み上げに対応するもの。ＳＮＳの投稿にも付けることができる。

当事者たちがプライドを示したり障害者の権利を訴えるような文脈で用いたりすることで、それらの言葉を当事者たちが肯定的に取り戻すものだ。「Queer」も、もとの「風変わりな」という意味が性の多様性を表す肯定的な言葉として当事者によって取り戻されたように、障害者文化とクィア文化は呼応し交差しながら発展している側面がある。

そこから生まれた「Crip Theory（クリップ・セオリー）」のなかに、「crip time」という概念がある。それは、成長や発展に向かって直線的に進む一般的な時間の規範に沿わない時間のことを指す。たとえば、移動するのに障害のない人よりも多くかかる時間。外出の後、障害のない人より多くのことに注意を向けないといけないことによる疲労から回復する時間。障害のある身体を持つと、何かをするときに障害のない人よりも疲れや痛みを伴ったり、念入りな準備や計画が必要なことが多い。アリソン・ケーファーはその概念について、「障害のある身体が時計に合わせるのではなく、時計の方を障害のある身体に合わせるのだ」と言う。つまり、身体の声を聴き、行為にかかる時間の概念を柔軟に捉え直し、エイブリズムに満ちた社会を生き抜くための考え方であり実践だ。

先に挙げたキャロリン・ラザードの作品のひとつに、彼女のある朝の一〇分間を記録した映像作品『Crip Time』がある。その一〇分間には、日ごとに色分けされた七つのピルケースに、彼女が飲む必要がある大量の薬を淡々と仕分けていく時間が無編集で収められている。その作業は彼女が生きていくために必要なケアであり、時間なのだ。キャロリンいわく、その時間は「遅く、非線形で、すぐに年老いた気持ちにさせる。そして規範的な時間の流れから引き離され、何度もループさせられる」という。その時間は彼女が抱える身体の違いを生々しく訴えてくると同時に、障害のある身体をとらえるとき、障害のない人が当たり前としている規範的な時間には収まることのない時間があることを感じさせる。

アクセシビリティを取り戻す

わたしには、アクセシビリティも「Crip」と同じように、障害のない人に提供してもらうといった意味から、障害のある人たちが自分たちのものとして再定義し、取り戻そうとしているように思える。そのような実践を行うアーティストの作品からは、従来のアクセシビリティが、障害のない人から障害のある人に対して物事の見方や体験の仕方への〝当たり前〟を押しつけるものとなりがちなことへの抵抗を感じる。

テレビでのろう者・難聴者向けの字幕がアメリカで最初に導入されたのは一九六〇年代で、ジュリア・チャイルドがホストを務める料理番組『The French Chef』に付けられたとされる。当時の字幕はオープンキャプション（オフにできない字幕の形式）だったが、聴者の視聴者を遠ざける可能性があるという懸念から、詳しく調査をされることなく、その後クローズドキャプション（オン・オフを選べる字幕の形式。昔は専用の機器を買う必要があった）に変更されていった。それは、エイブリズムがしばしば美的感性とも結びつき、アクセシビリティを排除しうることを示している。

つまり、障害のない人が主導する場合、映像をつくる時点で音声描写やろう者・難聴者向け字幕が考慮されない限り、それらはせいぜい後づけのものになってしまう。そうすると、映像の（音声的あるいは視覚的）隙間に収めるために情報を最低限に抑えるか、そこに収まらずに不協和音を起こすかのいずれかになってしまう。そして、障害のない人の快適さが優先され、後者が選ばれることはないだろう。

ろう者のアーティストたちは、これまでさまざまな方法で抗ってきた。その先駆者と言えるのが、ジョセフ・グリゲリーだ。ジョセフは、十歳で聴力を失ってから、聴者とコミュニケーションをとるときに使ってきた紙切れや封筒、レシート、ナプキンなどのアーカイブから会話を再構築する作品で知られる。彼はインスタグラム上で『Craption（「crap（くだらない）と「caption（キャプション）」を合わせた造語）』というシリーズの投稿を続けている。それは、映画やテレビのスクリーンショット、誰かとの筆談のメモなどで構成されている。たとえばYouTubeに公開されたテノール歌手のアンドレア・ボチェッリが歌う動画に付けられた「（音楽）」のキャプション。ジョセフは「まるで（音楽）という字幕が、ボチェッリが何を歌っているかについて何か意味のあることを伝えているかのようだ。ろう者が音のニュアンスを知らない、理解していない、または気にしていないという前提は、知的および文化的な偏見の現れだ。YouTubeにはこれよりもましなことができる資源がある」と書いている。

ジョセフは、アーティストのソフィ・カルの有名な作品シリーズのひとつ『盲目の人々』を見て、

おそれ
入りますが、
切手を
お貼り
ください。

読者ハガキ

151-0051
東京都渋谷区千駄ヶ谷3-56-6
(株)リトルモア　行

Little More

ご住所　〒

お名前(フリガナ)

ご職業　性別　年齢　才

メールアドレス

リトルモアからの新刊・イベント情報を希望　□する　□しない

※ご記入いただきました個人情報は、所定の目的以外には使用しません。

ご購読ありがとうございました。
アンケートにご協力をお願いいたします。

voice

お買い上げの書籍タイトル

ご購入書店

市・区・町・村　　　　　　　　　書店

本書をお求めになった動機は何ですか。

□新聞・雑誌・WEBなどの書評記事を見て（媒体名　　　　　　　　　　）
□新聞・雑誌などの広告を見て
□テレビ・ラジオでの紹介を見て／聴いて（番組名　　　　　　　　　　）
□友人からすすめられて　□店頭で見て　□ホームページで見て
□SNS（　　　　　　　　　　）で見て　□著者のファンだから
□その他（　　　　　　　　　　）

最近購入された本は何ですか。（書名　　　　　　　　　　）

本書についてのご感想をお聞かせくださされば、うれしく思います。
小社へのご意見・ご要望などもお書きください。

ご協力ありがとうございました。

Little More

いただいたご感想は、全文または一部抜粋のうえ、本の宣伝等に使用する場合がございます。

疑問を呈する一連の手紙を送ったことでも知られる。そのシリーズは、ソフィ・カルが生まれつき全盲の人々に「あなたにとって美しいものは何か」と問いかけ、その答えを写真とテキストで構成したものだ。ジョセフは、ギャラリーでそれらを見て、言い知れぬ居心地悪さを感じたという。つまり、それらの答えを目の見えない人は見ることができないという意味で、目の見えない人を道具のように扱う一方的な態度を感じ取ったのだ。そして、ギャラリーに一つだけ付けられた点字の表示は、上下逆だったという。ジョセフの書いた手紙の中には、こんな一文がある。

「障害のある人に彼らが何を見逃しているかを伝えるのは簡単です。しかし、彼らが持っているものに耳を傾け、理解するのははるかに難しいのです。」

英語には、ろう者を表すのに二種類の表記方法がある。医学的に聞こえない状態を表す「deaf」と、しばしば手話を第一言語とし、文化的グループの一員であることを表す「Deaf」だ。後者を体現するアーティストの一人が、クリスティン・サン・キムだ。クリスティンは、かつて音は自分には関係がないものと教えられてきたが、ろう者である自分の傍らにもつねに音があることに気づき、それを視覚的に表す作品で高い評価を得てきた。それは、音をろう者のものとして取り戻す行為でもあった。二〇二一年のマンチェスター・フェスティバルでは、その延長とも言える彼女の作品が、街中の壁やビルボードなどで展示された。『Captioning the City（街にキャプションを付ける）』と名づけられたそのプロジェクトでは、デパートの窓に（座る場所を探す音）、図書館の壁に（なぜ音声言語は一つではないのかと聞くBSL（イギリス手話）の音[7]）といった、聴者にも聞こえない音に対しユーモアや皮肉を込めたキャプションが、もはや通常のサイズを大きく超えて街を塗りかえた。

アクセシビリティが、障害のない人によって提供される限り、どうしても身体機能の欠如という前提から始まることが多い。つまり、アクセシビリティそのものが、エイブリズムから逃れられないのだ。また、そこで目指されるのも、障害のない人の体験になるべく近づけるというものだ。そうではなく、異なる身体とそれが生みだす経験にもとづいたアクセシビリティは、そもそも障害のない人が想像する範疇に収まるものではないのかもしれない。

振り返れば、アメリカで目撃したさまざまな実践は、既存のアクセシビリティの構造に疑問を投げかけ、障害のある人が主体となるアクセシビリティのかたちを模索する試みだった。

7　手話が国や地域によって異なることに驚く聴者が少なくないことへの皮肉と思われる。

生きられた経験 1

ろう者がつくるもうひとつの文化 ― 牧原依里《まきはらえり》さん

身体の違いと切り離せない文化の違い

七年前、アートの世界で出会ったろう者の牧原依里《まきはらえり》さんは、「ろう者だけの国をつくりたい」と言った。それを聞いてわたしは、マイノリティ同士の方が自由ということかな、くらいに思っていた。目が見えていることで、聴者との違いはそれほど大きくないように思ってしまっていたのだと思う。しかしその後、牧原さんとさまざまな機会で対話するなかで、自由という次元の話ではなく、いまの社会の構造そのものが、あまりにもろう者の体や言語にそぐわないものなんだということを、徐々に理解していった。

ろう者を「障害者」ではなく「日本手話という、日本語とは異なる言語を話す、言語的少数者である」と定義した木村晴美《きむらはるみ》さんと市田泰弘《いちだやすひろ》さんによる「ろう文化宣言」（雑誌『現代思想』一九九五年二三巻三号にて発表）は、日本のろう者のアイデンティティに大きな影響を与えた。

聴者と異なる認知の方法でできたろう者の世界には、聴者とはまったく異なる固有の文化がある。そしてアクセシビリティは、障害のある人が持つ文化と本来切り離せないものなのだ。わたしがそのことを学んだのは、牧原さんをはじめ、多くのろう者との出会いからだった。

誰しもが、結局は自分のことしかわからない。自分のことさえわからないこともある。だからせめて、自分の体で感じることをもとに、わからないことだらけの世界をたぐりよせ、他者に思いを寄せたりする。しかし、マジョリティがアクセシビリティを考えると、自分が見たり聞いたりしている世界と比べて、視覚情報を音声で補ったり、音の情報を文字などで代替するという方向性になってしまう。まるでそれがないと、世界が欠けているかのように。

この社会は、多くの聴者で占められている。だから、生活のあらゆることが、聞こえることを前提につくられている。そんな社会で、音声での会話についていけないと「不自由」と決めつけたり、本人が望んでいないのに声を出させたり、聞こえないことを劣っているような扱いをすること、そういった考えにもとづいた差別を「オーディズム（聴力至上主義）」という。

牧原さんは、ここ数年、ろう者が主体となって文化や身体を語り、生みだすことを目指したアートや映画などのプロジェクトを次々と始めている。二〇二三年には、CODA[8]の和田《わだ》夏実《なつみ》さんとともに西日暮里に「5005」という目で生きる人たちの視覚言語や身体を中心とする創発・発信の拠点をつくった。聴者がつくってきた価値観に対する抵抗を着実に重ねる牧原さんとは、この本を書くにあたって改めて話したいと思っていた。しかし、この対話が手話通訳を介してなされ、こうして文字の原稿になるということは、牧原さんにとっての自然な言語とは違う言葉で記録されたものであるという矛盾を含んでいる点は、あらかじめ書き留めておきたい。

［牧原さんによる注釈］

「ろう者」の定義はさまざまで、人によって異なる。聴力、学校、手話、親などさまざまな組み合わせと環境の影響を経て、最終的に本人のアイデンティティにより決定される。現在は日本手話*を使う人がろう者という考えが主流であるが、時代によって定義は移り変わる。昔は日本手話／手指日本語（日本語対応手話）ができるかどうかに関わらず、聴力を基準に区切られていたが、今は手話言語を「ろうの基準」とする考え方が見直されている。

*日本手話＝各国にある自然言語の一つで、単に日本語をジェスチャーに置き換えたものではない。日本語とは語順も異なり、独自の音韻や文法構造を持った言語だ。物の形や大きさ、動きや位置などを表すCL表現や、視線、眉の上げ下げ、目の細め・見開き、首の傾き・振り、あごの引き・出し、上体の傾けなどのNM表現（非手指表現）など、手話言語ならではの特有の表現がある。

ろう者の世界から、聴者の世界へ

牧原さんの両親は、二人とも長崎生まれの長崎育ちで、仕事の都合で横浜に引っ越してきた。父は聴力は少しあるが、ろう学校育ちで、日本手話が第一言語だ。母は完全に聞こえず、ろう学

8　「Child of Deaf Adults」の略で、耳が聞こえない・聞こえにくい親がいる子どもたちを指す。

校で育った。二つ上の姉は、電話ができるくらいの難聴だ。牧原さんは神奈川で育ち、自身を含めた家族全員がろう者という「デフファミリー」で育った。聴力もアイデンティティもバラバラな家庭だったという。幼い頃、母と一緒に役所の障害福祉課を訪れたとき、「わたしたち、障害者なんだよ」と母に言われて驚いた。牧原さんは、生まれたときから手話と書記日本語に囲まれて育ってきた。手話では、「ろう」「難聴」「聴」という概念の言葉のみを使っていたので、牧原さんの家族を定義づける言葉に「障害」は存在しなかった。

しかし、長崎に住んでいる祖母の家を訪ねると、外で手話で会話することも止められるような差別が今もある。そこで育った両親は、時代のせいもあり、牧原さんが小さい頃は、「ろう者はかわいそう」というイメージを持っていた。「ろう者でごめんね」と母は幼い牧原さんに言った。

牧原さんに「ろうでいい」と教えてくれたのは、身近な人ではなく、一本の映画だった。映画『音のない世界で』(一九九五年制作、ニコラ・フィリベール監督)は、音の聞こえない世界を異文化として捉えた作品だ。そこに出てきたデフファミリーが「ろう者で幸せ」と言うのを見て、牧原さんは自分もそれでいいんだと気づいた。遠いフランスのおじいさんの言葉が、胸に響いた。

ある時、姉が突然家の中から消えた。実際にいなくなったわけではない。家の中に当たり前にあった、ろうコミュニティから消えたのだった。地域にある聴者の学校に通いはじめたのだ。聴者の世界があるということをそれまで知らなかった牧原さんには、衝撃的な出来事だった。牧原さんは、小学校二年まで横浜ろう学校に通っていたが、学校では口話(声)で話せるようになることが重んじられていたため、口話のための訓練に時間を取られて授業の内容が遅れていた。そのことに、もっと勉強をしたかった牧原さんは物足りなさを感じていた。そして牧原さんも、三年から聴者の通う地元の小学校に転校した。当時、手話ブームを巻き起こしたドラマ『星の金貨』が流行っていたおかげで、聴者の世界にすんなり受け入れられた。しかし、生徒数がひとクラス四、五人でみんないつも一緒だったろう学校から、大勢の生徒がいる聴者の学校に飛び込んだことで、友達のつくり方など、戸惑うことも多かったようだ。授業の情報保障などはまったくなかったが、同級生や先生からのサポートもあり、大学卒業まで一般教育を受けた。

「音のない映画」ができるまで

映画をつくりたいと思うようになったきっかけは、今から十年ほど前に旅行で訪れたイタリアにあった。旅行中に偶然開催されていた、イタリア初のろう者による映画を扱った、ろう映画祭に参加したのだった。幼い頃から、家では字幕のない邦画ではなく、字幕のある洋画ばかり見ていて、映画を見るのは生活の一部だった。中学の時には文化祭の出し物でクラスで映画をつくろうという話が出て、監督になるのを希望した。しかし、ろう者だから迷惑をかけると思い、監督ではなくカメラマンに立候補した。しかしコミュニケーションがうまくいかず、結局制作から離脱したという苦い思い出もあった。イタリアで、ろう者の映画祭なんてあるんだなと思い行ってみたら、それまでの思い込みを一気に壊されたという。

「今まで見た映画は、聴者がろう者を演じているので、その人たちが『ろう者として上手いかな』ということに目が行ってしまって。内容よりも。ろう者や手話をテーマにした作品であっても『これは自分たちと違う世界だ』と他人事として見ていたんですよね。でも、ろう者のつくった映画は、見ていてすっと入ってくる。心地よかったんですよね。『そうそうそう、あるあるある!』みたいな、共感できるところがいっぱいあって。ドキュメンタリーだけでなくフィクションも、国や文化が違えど、共通するところがたくさんあって。笑えるところ、泣けるポイント、歴史、手話を使う人の身体っていうのをすごく共有できて、そこで目覚めた感覚がありました」。その上演の後、ろう者の監督が立っていて、なぜその映画があんなに身体にすっと入ってきたのかがわかった。「聴者がつくるもの」と思っていた憧れの映画を、ろう者もつくれるという現実を目の当たりにした。

牧原さんは日本に帰ると、映画をつくりたいという思いを友人に話した。そして仕事をしながら学べる一年間のワークショップがを見つけて参加することにしたが、さまざまな壁にぶつかった。「ワークショップって誰でも入れますよね。試験があるわけでもないし。でも、ろう者が入っていくと、『いや、今まで来たことがないので』と言われて、まず相談しなきゃいけない。で、手話通訳をどうするかの交渉、相談にものすごく時間がかかるんです。理解はあるけど、お金がないから通訳の費用は出せないという話になってしまって。市は、趣味には派遣できないと言って派遣してくれない。交渉だけで半年くらい費やしました」。

こういった経験をしている障害のある人を、わたしは山のように見てきた。まだ誰も踏み込んでいない領域にアクセシビリティがついていくのは、こういった個人の努力の賜物に他ならない。それは、ひとりが歩んだ跡が獣道をつくるような道のりだ。それでもまだ、障害があるというだけで門前払いされる例は、後を絶たない。マジョリティで社会のルールを固めておきながら、「マイノリティの前例がない」というのはルールが破綻しているなとわたしは思う。

そうしてようやく参加できることになった、映画制作ワークショップ。聴者はお金を払えば入れるものだったこともあり、さまざまな意識の人が参加していた。通訳がいるとはいえ、聴者とは文化的背景が違うため、やりたい表現の狙いを話しても、ろう者ひとりではなかなか伝わらなかった。半年が経った時点で、残り半年のために、参加者が書いた脚本をもとにコンペティションが行われることとなった。選ばれればいいけれど、落ちれば他の人を手伝う側に回らなければいけなくなる。周りの余裕のなさや、急にスケジュールが決まっても通訳の手配が難しいこともあり、話し合いの結果、参加を断念することになった。しかしそこでの経験は、ろう者の音楽を視覚的に表現した映画『LISTEN　リッスン』(二〇一六年公開)をつくることにつながっていく。

映画『LISTEN　リッスン』は、ろう者にとっての音を扱った映画がよくそう言われるように、「無音」の音楽映画と言われる。しかしそれは、聴覚的な意味で音がないに過ぎない。この映画で行われていることは、聴覚的な音を手話で置き換えることではない。内から溢れる衝動やリズムを表出させる身体は、聴者にとっては言語と表現の境界を超えて放出されていくように見える。そ

映画『LISTEN　リッスン』場面写真。　©2016 Deafbird Production

こで行われていることは、音楽の根源的な部分に触れていることを直感的に感じつつ、聞こえている体でその感覚を想像するのは難しい。

　牧原さんが以前話していたことでもう一つわたしのなかで強く心に残っているのは、「聴者の音楽は自分には関係ない」ということだ。世の中には、振動などを用いて聞こえない人に音を届けるといったプロジェクトが溢れている。しかし、もともと聞こえない牧原さんにとっては、聴覚的な音楽は受け取りようもないし、聴者が自分たちの音楽をろう者に理解させるということ自体が抑圧ではないかと話していた。つまり、オーディズムのひとつということだ。

『LISTEN　リッスン』をさまざまな場所で公開してみて、聴者で理解できた人はほとんどいないんじゃないか、と牧原さんは話す。それは当たり前のことだ、とも。ろう者の音楽は、言語に置き換えられるものではないし、別のものに翻訳できるものでもない。だから牧原さんは映画をつくったのだ。

「手話だけが言語というわけではないし、自分を伝える方法は手話だけではないですよね」。それは、わたしたちは耳だけではない、体という共通するものを持っているという希望でもあるとわたしは思う。聞こえるか、聞こえないかではなく、呼吸や心臓の鼓動、そして「見ること」をもとに始める音楽のかたちがあるということだ。『LISTEN リッスン』が提示した問いは、いまも牧原さんが取り組む、ろう者にとっての「オンガク」のプロジェクトにつながっている。

ろう者がスタートラインに立てる場所

聴者は、簡単に芸術とつながれる環境にいるだけでなく、言語を共有しているから、そこからどんどん進んでいける、と牧原さんは話す。「アクセシビリティって、字幕があるかどうかの問題だけではないですよね。生い立ち、環境、言語など、ろう者自身も自分のものとしてきちんと習得できているかが大きいと思います。それがないと、進んでいけない」。

そう考えるのは、ろう者の親を見て育ったことが影響しているのかもしれないという。デフファミリー（両親も子どももろう者の家族）で育つと、ろう者の親が聴者に抑圧されている様子を見るため、自分たちはそうならないために、社会を変えようと積極的に動く人が多いと牧原さんは感じているそうだ。「聴者に抑圧されている」と言われると、自分はそんなことはしていない、と抵抗を覚える聴者もいるかもしれない。でも、意識的に抑圧に関わっているわけでなくても、聞こえることを前提にした社会に聞こえない人が入ってきたときに、自分たちの方に合わせることを当たり前と思ってしまうことも、抑圧のひとつなのだ。

牧原さんは、これまでの自分と同じ思いを他のろう者にはしてほしくない、ろう者が対等に学べる環境をつくっていきたいという気持ちから、色々な企画を立ち上げてきた。先日第一期が終わったばかりのろう者映画制作者育成講座では、ロールモデルとなる人が映画の基礎を手話で教えたり、ろう者同士で集まってつくることに大きな意義を感じたという。映画制作の基本を一度学ぶことで、監督・脚本・撮影・美術などが自分に合うかどうか体験できたり、それらの経験をもとに聴者を中心とした学びの場へのステップアップに一歩踏みだしやすいなど、受講生にとってさまざまなメリットがある。聴者の中にいきなり入っていくのがすごく大変なことは、牧原さんは身をもってわかっている。たとえば、聴者の講師が「YouTubeに上がってるから見ればいいんじゃない?」と言うけれど、ろう者にとってはYouTubeを見ただけではわからない。字幕があったとしても、日本語での解説となるからだ。言語だけでなく、物事の捉え方も違うので、手話で学んだ方が入ってきやすい。

「呼吸が違うんですよ」と牧原さんは話す。デフアクターズ・コース（ろう者・難聴者の俳優養成講座）でも呼吸についての時間があるという。「聴者は喋る前にまず吸ってから話しますよね。それが自然らしいですね。声を出す前に吸うと思うんですけど、ろう者は人によるんですよね。手話する前に吸う人もいるし、終わって吸う人、途中で吸う人。でも、呼吸って言われても、あ

「デフアクターズ・コース」2022年の様子。 ©2022 Training of Deaf Artists Project

んまりろう者はイメージできない人が多い。呼吸っていう言葉の使い方自体を変えなきゃいけないなと思うんです。多分、聴者は音で吸う、吐くということを無意識に共有しているんだと思うんです。ろう者はその概念がなくて、目や固有感覚で捉えることを中心に身体が動いているので、「呼吸」そのものの捉え方が聴者とろう者でやや異なっているように思います。昔自分が空手をやっていたとき、聴者の講師から「シッシッ」てやるんだよと呼吸の指導を受けても、その感覚がまったくわからなかったことから、やっぱり進め方が違うなというのは感じていました」。

二〇二四年一月にはアメリカにダスキン障害者リーダー育成海外研修に出かけ、ろうコミュニティを中心に取材をした。たとえば、マーベル・スタジオのドラマ『エコー』にはろう者が出ているが、制作にもろう者が三人参加しているらしい。脚本、編集とともにチームが組まれていて、そのなかに脚本家二名、編集者一名がいるそうだ。かつてアメリカでは、俳優のマーリー・マトリンが、初のろう者かつ史上最年少でアカデミー主演女優賞を受賞したことが歴史的な出来事となったが、それ以来、長い間それ以上の進展はなかった。牧原さんは、今後は制作側にもろう者が入っていくことで、状況はもっと前進するのではないかと考えている。「聴者とろう者が一緒にという前に、ろう者から何か新しいものが出てきて、聴者と一緒にスタートラインに立つのがよいのではないか」。

ろう者は、スタートラインに立てていない。聴者がつくったものにアクセシビリティをつけることで、ろう者は世の中にどのような表現があるかを知ることはできるかもしれない。ただそれと同時に、ろう者がつくり手になるためには何が必要なのかという方向においては、まだその土台すら整っていない状況だということがわかる。ろう者を受け手として扱うアクセシビリティだけでなく、つくり手としての力を伸ばすアクセシビリティが必要なのだ。

ろう者だけの国

牧原さんに最初に会った頃に言っていた、「ろう者だけの国をつくりたい」という思いは、いまも変わっていない。ろう者は国を持たない民族で、自分の国があるかないかという差はすごく大きいと話す。国がないから、人々が点在し、ろうのなかで文化が進んでいかないと感じるからだ。「聴者とじゃなく、とにかくろう者が集まって、そこから出てくるものがあることによって聴者と対等に向き合えると思うんですよね」。

その話は、5005という場を思い起こさせる。5005は、目で世界を捉える人々が集うことで、実験したり刺激を得られる何かをつくりだしたりできる場所にしたらいいと牧原さんは考えている。手話がわからない聴者も参加できる企画、ろう者難聴者のみに限定された企画、手話話者が参加できる企画など、目的や用途に合わせて運営していく方針だ。ろうコミュニティが活性化して、そこから新しく発見していく世界は、どんな世界なのだろう。「手話は言語ではない」という見方が長い間されてきた。でも一方で、「手話って言語なんだ」と気づいたら、言語ばかりに注力されてしまう。「それもいいけど、普段暮らしている街や環境にも、大事なものってたくさんあるんですよね。無意識のなかにこそ、本当は生活や芸術に密着して社会を変えられるものがたくさん転がっている」。言語だけでなく、5005はそういった生活や地域にも密着しながら、聴者がそれをまた知ることによって、気づきがつながっていったらいいと考えている。

「聴者とろう者はわかりあえると思いますか」とわたしは敢えて訊いた。「聴者とろう者は異なるから、やっぱりわかりあうのは難しいと思う」と牧原さんは答えた。牧原さん自身も、自分と異なる相手を抑圧してしまうかもしれないし、されてしまうかもしれないと思いながら付き合っているという。牧原さんは、喧嘩して揉めることも覚悟のうえで向き合う。ぶつかりたくないという人とは、一緒に何かをするのは難しい。「わかりあうのは難しい。だからこそ、だと思う。

自分が何か抑圧をしてしまったときに、そのことに気づき、受け止めていくことで、今後自分とは異なる人と出会ったときに、以前とは違う視点ややり方で対応するようになる」と話す。

結局、聴者とろう者が出会って、ぶつかりながら同じ目的に向かって協働するという経験が、いまの社会には圧倒的に足りていないとわたしは思う。牧原さんは、まず議論ができることが必要だと話す。日本人は議論に慣れていない人が多いし、揉めることも恐れてしまう。特に相手がマイノリティの場合、ぶつかること自体をためらう人もまだ多いのではないだろうか。牧原さんは容赦なくぶつかっていくため、生意気と言われることもたくさんあったという。でもそんなこれまでの経験で培った胆力が、聴者で占められていた世界に裂け目を入れている。

互いのアライになるために

牧原さんは、生粋のデフファミリーで、アイデンティティを強く持った人だとわたしは思い込んでいた。しかし実際には、自分が慣れ親しんだ安全圏を飛びだし、わかりあえない人とぶつかりながら、たくさん失敗してきた経験があるのだ。そのおかげで自分を打ちだす強さを身につけていったのだろう。牧原さんは、見えない差別がまだまだたくさんあるなかで、「ろう者だけで闘っていくのではなく、聴者のアライ[9]の力を借りることも大切」と話す。

牧原さんがいま行っている活動の目的は、二つある。そのひとつは、ろう者のコミュニティのなかから芸術が生まれたり批評したりする土壌をつくること。もうひとつは、聴者の世界を知ること。それは、聴者の世界に入るためではなく、そのことを通して、自分たちの世界に気づくこと。まるで海外に行って初めて、自分のことを知る機会が得られるように。ろう者の世界で育ったからこその創発もある。それらがさらなる新しい表現を生みだすには、ろう者の世界を俯瞰的に捉える力を育む必要があり、その鍵は聴者の世界を知ることにあると牧原さんは考えている。幼い頃に聴者の学校に飛び込む決断をした牧原さんの姿が重なる。

牧原さんがアメリカに行って印象的だったのは、聴者はろう者の世界は進んでいると言うが、ろう者はまだまだだと言うことだったそうだ。そこにも、聴者とろう者の感覚の違いがあるのではないかと言う。たとえば、ろう者と聴者が協働し優れた公演を生み出してきた劇団「デフ・ウェスト・シアター」のろう者の芸術監督にインタビューしたとき、大きな葛藤が見えたという。ろう者だけがわかる作品は、商業的にはあまりお金にならない。でも芸術監督としては、ろうコミュニティを活性化したい。そのためには収益が必要で、聴者と一緒にうまくやらなければいけない、という思い。その二つの間で悩んでいることが垣間見えた。劇団は現在映画『Coda あいのうた』をテーマにした新しいミュージカルをつくっているが、聴者が書いたものをろう者の視点に書き

9　もともとは、性的マイノリティのことを理解し、支援のためにともに行動する人のことを指す。そこから広がり、性的マイノリティに限らず、他のマイノリティの文脈でも用いられる。

換えるのに、膨大な時間がかかっているらしい。

この数年、映画『Coda コーダ あいのうた』、映画『ケイコ 目を澄ませて』、ドラマ『silent』など、聴者の監督がつくった手話を用いる作品が脚光を浴びることが続いた。しかし多くの作品では、主要な役柄は当事者ではなく聴者によって演じられ、それを評価するのも聴者という不均衡が続いてきた。たとえ聴者が「手話が上手い」と評したとしても、ろう者にとってはまったく言語として意味をなさないものになっているという状況もまだまだ見られる。マジョリティが自分たちの文化にはマイノリティを受け入れないのに、マイノリティの言語は自分たちも使うことができると思ってしまうのも、差別のひとつなのだと思う。

牧原さんは、「正直、聴者が手話とかろう者をテーマに出すと、ろうコミュニティではもう古いと感じることが、すごくたくさんある」と笑う。聴者はろう者の作品を見ないままつくってしまう人が多いことが背景にあると感じているようだ。「ろうコミュニティではもう出し尽くされていて、ありきたりの手話を使った演出が、聴者の世界では『新しい演出』として聴者が演出し、聴者に評価され、賞をもらっている。そういうのを見ると文化の盗用だと思うし、ろう者の存在は聴者から見えないものとされ、見下されていると思う。けれども聴者は『ろう者が演出してきた作品がある』ことを思いつかないわけで……。なぜ思いつかないのか。それはこの社会がそうさせてきたのだと思う。同時に、ろう者たちもろう芸術をもっと表に出していかなくてはいけない」。

やはりろう者の世界には、ろう者だからこそ生まれるものがあると牧原さんは言う。たとえば、聴者の詩や五七五の文化は、牧原さんにはなかなか理解が難しい。「日本語の美しさみたいなものがある」と言われても、理解しがたいという。「日本語だからこそ生まれてくる美しいリズムや短い言葉での暗喩など日本の美があると学んで、なるほどとなった。同時に、日本語だからこその美があるように、ろう者の身体や日本手話だからこそ出てくるものもあると改めて思った。そしてその感覚は必ずしも万人が共有できるものではないので、互いにリスペクトする必要がある」。

聴者も知る必要があるし、ろう者ももっと表に出す必要がある。そのためにも、言語の問題だけでなく、教育や鑑賞、創作において公平な機会をつくるなど、さまざまな観点からのアクセシビリティが必要だ。ろう者の役に当事者をキャスティングする機会が少しずつ増えるなど状況は変わりつつあるが、聴者が手話だけを取り上げて都合の良いように解釈し、ろう者に還元することなく自分たちの道具のように扱う例は、いまだ後を絶たない。そうならないためには、目に見えるものだけでなく、その背後にある文化を尊重することから始めなければならない。それには、「文化」とは何を指すのかをほどいていくことが必要かもしれない。そうすることでようやく違いを認識し、本質的な共存や協働のための土壌をつくることができるのではないだろうか。

生きられた経験 2

〝ふつう〟を反転させる物語 ― 横道誠《よこみちまこと》さん

互いにわからないという障害

横道誠《よこみちまこと》さんは、脅威のペースで執筆を進める作家であり、文学研究を専門とする大学教員であり、一〇種類の自助グループの主宰者でもある。四〇歳でＡＳＤ（自閉スペクトラム症）とＡＤＨＤ（注意欠陥・多動性障害）を診断され、それらを括る「発達障害」について学んでいくなかで、長年の謎だった自分のことが腑に落ちたという。診断書をもらったときの感動を横道さんは「じぶん探しの旅の終わり」と表現している。

発達障害は、精神医学では「神経発達症」と呼ばれ、脳や神経の病気として扱われている。日本で発達障害が認知されたのはここ二十年ほどと言われ、まだ新しい概念だ。診断には至らないがその性質を持っている「グレーゾーン」と呼ばれる人も多い。しかし、九〇年代からの自閉症者の権利運動を経て、自閉症を病気や欠損ではなく脳神経の構造の違い、つまり多様性と捉える考え方「ニューロダイバーシティ」が広まってきた。要するに、発達障害者は発達障害がないとされる「定型発達」の人とは異なる独自の文化を生きているということだ。

自閉スペクトラム症は、コミュニケーションの障害や想像力の障害と言われてきた。しかし、二〇一〇年代に入ると、イギリスの自閉スペクトラム症者であり研究者のダミアン・ミルトンが、自閉症者と定型発達者はそれぞれ独自性が強い感じ方や考え方を持っていて、定型発達者が自閉症者の心がわかりにくいと思っているだけではないかという主張を始めたという。[10] たとえば、「定型発達者のみ」、「自閉スペクトラム症者のみ」、「定型発達者と自閉スペクトラム症者の混ざったグループ」でそれぞれ伝言ゲームをした場合を比較した研究がある。[11] その結果、二者が混ざったグループだけが、成績が悪かったのだ。少なくともこの研究においては、自閉スペクトラム症者同士ではコミュニケーションに関する障害がなかったことがわかる。

つまり、わからないのはお互いさま、ということだ。いまの社会では定型発達者が圧倒的に多いため、少ない方に問題があるようにされているが、近年では自閉症者は「自閉スペクトラム症(スペクトラムは連続体という意味)」と言われるように、あるかないかではなく、さまざまな特性

---

10 Milton, D. E. M. "On the ontological status of autism: The 'double empathy problem'." Disability & Society, vol.27, no.6, 2012, pp.883-887. https://doi.org/10.1080/09687599.2012.710008.

11 Crompton, Catherine J et al. "Autistic peer-to-peer information transfer is highly effective." Autism: the international journal of research and practice, vol.24, no.7, 2020, pp.1704-1712. https://doi:10.1177/1362361320919286.

や程度がグラデーションのようにつながっているのだ。臨床心理士の村中直人《むらなかなおと》さんは、一方の「定型発達」も、人間の「スタンダードな基準」や「あるべき姿」が存在しているかのように聞こえるが、あくまで「いまの社会の多数派の平均」を意味している、つまり相対的な概念だと指摘する。[12] わたしも診断を受けていないだけで、自分に自閉スペクトラム症の特性があると認識している。昔から他者に向けて表情や身振りをつくることが苦手で、共感を求めることにも求められることにも抵抗があった。でも、自分と極めて似ていると感じる自閉スペクトラム症の人に会うまで気づくことはなかった。周りを見回しても、自閉スペクトラム症に限らず、表現に関わる人は誰でも何かしらの発達障害の特性があるのではないかとも思う。

擬態するためのアクセシビリティ

横道さんは、人間は「じぶん」を軸にしてしか世界を把握することができないので、発達障害のある横道さんから見ると、九割以上が異星人であり、そんな世界に住まざるを得ないのが発達障害者の現実だと語る。定型発達者にとって望ましく整備された社会は、発達障害者には最適化されていない。だから、発達障害者には環境調整が必要となる。また、発達障害者と定型発達者が接することは異文化コミュニケーションであるにもかかわらず、見た目では違いがわからず同じ日本語を話しているので、発達障害者はそのことを自覚していても、定型発達者からはわかってもらえない。だから横道さんは、職場では自分がどういう人かを伝えて合理的配慮をしてもらうのと同時に、メールに書く文章の適切な量や人を傷つけない表現など、場合に応じたコミュニケーションのテンプレートをたくさん蓄えて、トラブルを回避しているという。

最近自閉スペクトラム研究で注目が高まり、横道さんも著書のなかで扱っているのが、「擬態」と呼ばれる概念だ。もともとは動物や虫が環境に合わせて自分の姿を変えるさまを表す言葉で、研究[13]によると自閉スペクトラム症者の七割が擬態、つまり「ふつうの人のフリ」をしているという。定型発達者は、相手も自分と同じ人間だという前提のうえで「なんとなく察する」ことができ、相手を自分とリンクさせて気遣うことができる。一方で自閉スペクトラム症者は、相手のことを推測するうえで自分の内面を参考にできず、気遣えたとしてもそれはデータにもとづいて解析するＡＩに似ていると感じると指摘する。[14]

「私は人の心に関する情報を創作物から大量に学習して、心では理解できないままに、自動的

12　横道誠・青山誠編著『ニューロマイノリティ　発達障害の子どもたちを内側から理解する』北大路書房、二〇二四年。
13　Cage, E.,Troxell-Whitman, Z. “Understanding the Reasons, Contexts and Costs of Camouflaging for Autistic Adults.” J Autism Dev Disord, vol. 49, 2019, pp.1899-1911. https://doi.org/10.1007/s10803-018-03878-x.
14　頭木弘樹・横道誠『当事者対決！心と体でケンカする』世界思想社、二〇二三年。

にそれらしい回答を生成して、吐き出している部分が多いです。私はおおむねＡＩロボットです。」

横道さんは小さい頃から人の気持ちがわからないと感じてきたが、国語を学ぶことによってそれができるようになったという。具体的には、登場人物の気持ちを推しはかることができないので、それを挽回するために異常な量の読書をして、「ふつうの人はこんな思考や感情の回路を持っている」というデータを大量に頭に蓄積していった。その過程を「謎の生命体たちが構築した人類社会を、文学作品の読解を手引きとして、理解してきたと言えると思います」と書いている。[15]つまり、国語の教材が、定型発達者の考え方のさまざまなパターンを具体的に理解するための橋渡しになっていたのだ。そうして、横道さんは文学研究者となった。

興味深いのは、横道さんが大衆小説よりも純文学の方がわかりやすいと言っていたことだ。純文学は抽象度が高いが、ある意味シンプルでテーマがわかりやすいのに比べて、大衆小説は登場人物も多く、いろんな事件が起こって理解が難しいことが多いという。特に、定型発達者同士の人情の機微や情緒的交流がよくわからないままストーリーが進むだけでなく、定型発達者への共感を無理矢理求められることにも息苦しさを感じるという。同じように、世の中に出回っている文化や芸術のほとんどが定型発達者によるものなので、それを発達障害のある人が摂取しようと思っても、どう整理したらいいかわからないということが多いのではないか、と話す。

当事者批評と当事者創作

横道さんの執筆活動は、定型発達者にとっての発達障害者の世界へのアクセシビリティを高める活動でもある。最初の著書である『みんな水の中「発達障害」自助グループの文学研究者はどんな世界に棲んでいるか』（医学書院）は、定型発達者が読者として想定され、発達障害者の内側から世界を眺めてみる誘いになっている。さまざまな文学作品などを自身の体感世界に引き寄せながら、その体感世界を詩と論文と小説という形態で表現するユニークな著作だ。精神科医の斎藤環さんはそれを読み、当事者の作品や生育歴などからその人の障害や疾患を診断する「病跡学」を反転させ、当事者が自分に向けられていた視線や従来〝異常〟とされてきた発達特性の視点から作品や思想を捉え直す「当事者批評」と名づけた。

斎藤さんは、統計にもとづいて出てくる普遍性がある一方で、一人の人物の個別具体な物語を書くことで表れる文学的普遍性もあるとも指摘する。それは、横道さんがその後取り組んでいる、発達障害の当事者としてこの世界をどのように感じているかをフィクションに記す「当事者創作」でさらに深められている。その一つの『海球小説：次世代の発達障害論』（ミネルヴァ書房）を読んで、

15　横道誠・斎藤環・小川公代・頭木弘樹・村上靖彦『ケアする対話：この世界を自由にするポリフォニック・ダイアローグ』金剛出版、二〇二四年。

わたしは一人の生きられた経験、横道さんいわく「体験世界」にもとづいた物語は、当事者のなかにある多様性を超えた普遍性を持つだけでなく、人間全般に関わる普遍性を持つと感じた。

『海球小説』は、周りと打ち解けられない少年ミノルが主人公の物語だ。周りから「協調性がない」「空気が読めない」などと言われることから、読者はミノルに発達障害があると想像しながら読み進めていくだろう。すると彼は、自閉症ではなく「自閉症スペクトラム障害（自閉症）」（自己を開きすぎ、他者との同調を過剰に求める障害）という診断を受ける。つまり、フィンケルシュタインの「障害者の村」（二六頁）のように、自閉症者が九割以上の世界で、定型発達者であるミノルが発達障害者という、いまの社会を反転させた舞台設定になっているのだ。

ミノルは自分なりに自閉症について調べていくなかで、大学院生となり、ある外国の島にたどり着く。そして、その島の人間は、全員が発達障害者（地球でいう定型発達者）であることがわかる。そこでは、少数派の定型発達者（その島では「標準発達者」と呼ばれる）が多数派の自閉症者に「擬態」するということまで起こっていた。わたしはてっきり彼はそこを安住の地とするのだろうと思い込んでいたが、その後の展開に虚を突かれた。その島では、ミノルは自分の「同類」に見える人が絶対的多数のせいで、むしろ些細な違いで対立していることが目に付くようになった。さらに、ミノルは定型発達者に「擬態」することに慣れてきた自閉症のため、そんな自分の自然な在り方を疑問視される環境で、再び自分を抑圧するようになる。そして多数派と同じ属性を持つにも関わらず、その島の多数派が自分たちこそが「普通」と疑わないことに、疑問を感じてしまうのだ。

わたしは、そこにはミノルが自閉症文化のなかで育ってきた定型発達者であることが大きく作用しているのではないかと感じた。多数派の自閉スペクトラム症者に擬態することを内面化していたミノルは、それが反転した世界でも同様のことが行われているのを敏感に感じとった。結局どこに行っても社会の構造は変わらないなかで、一度少数派として社会を生きてきたからこそ、その不公平さを見なかったことにしてすんなり多数派に居座るようなことにはならなかったのだ。障害特性のみによって決まるわけではないアイデンティティの多面性は、自らも当事者であり、さまざまな当事者と接する横道さんの実感が込められたものだと感じる。

互いにわかるための手引き

中西正司《なかにししょうじ》さんと上野千鶴子《うえのちづこ》さんは、当事者を「問題をかかえた人々」ではなく「ニーズを持った人々」と定義し、誰でもはじめから「当事者である」のではなく、社会の仕組みに合わないため「問題をかかえた人々」が「当事者になる」と述べている。当事者は医療的・心理学的知識を備えた専門家ではないとしても、海外では体験的知識によって裏打ちされた「経験専門家」とも呼ばれる。

そんな当事者が集まり、対等な立場で困りごとや体験を共有し、生きづらさを克服するヒントを探るのが自助グループだ。自助グループでは、自分の当事者性と個々の学術あるいは職業の専門性を掛け合わせ、新たな知見が生み出されている。宗教二世でもあり性的マイノリティでもある横道さんは、さまざまな自助グループを主宰するなかで、発達障害に関しては、グレーゾーンも多く遺伝もするため、身の周りに当事者がいたり、関係があると感じているアライは多くいたりするのでは、と感じると話す。そして横道さんはアライを、小松理虔《こまつりけん》さんが提唱する「共事者」[16]と言い換えた。多くの人が何らかのマイノリティであるならば、自分の問題でなかったとしても、共事者になることで、当事者の文化へのアクセスは開かれるのだ。

この社会の構造が変わらない限り、少数派が生き延びるためのアクセシビリティはもっとさまざまな場面で必要だろう。しかしそれだけでは、アクセシビリティが少数派が多数派に擬態するためのツールである状況は変わらない。いまの大きな問題は、多数派が少数派のことをあまりにも知らないまま、〝ふつう〟から逸脱する少数派に問題があるとされてしまうことだ。多数派が少数派の感じ方や考え方、そして文化を知る機会が増えていくことによって、共事者として互いにとってのアクセシビリティを考えるような態度が生まれていくのではないだろうか。横道さんが文学作品を手引きに定型発達の世界を学んでいったように、横道さんの活動が、今度は逆の方向から「手引き」をつくってくれている。

16 「当事者」「非当事者」と二分するのではなく、一人ひとりがさまざまな社会問題に対して持っている「当事者性」に気づくための言葉。「事に当たる＝当事」ではなく「事を共にする＝共事」を意味する。参考：「『当事者』から『共事者』へ。思いの連続性が社会を変える」、『Forbes JAPAN』、二〇二三年七月二七日、https://forbesjapan.com/articles/detail/64557

田中みゆき、菅 俊一、野村律子『ルール?』(2021年)

5
ともに楽しむために実装していく

尊厳とデザインの危うい関係

視覚に障害のある人を誘導したことがない人がトイレに誘導するとき、何も聞かずに多目的トイレに案内したり、「だれでもトイレが良いですよね?」と訊いている場面にしばしば遭遇する。もちろんその人が視覚障害以外に別の障害との重複障害があったり、自ら多目的トイレを希望する場合もあると思う。ただわたしがこれまでに会ってきた多くの人は、一般的なトイレの方を好む。多目的トイレはやたらと広く、置いてある設備や配置、向きも統一されていないため、どこに何があるかを確かめるのに余計に時間がかかるためだ。最近では「バリアフリートイレ」とも呼ばれる「だれでもトイレ」だが、誰にとっても使いやすいトイレではないということだ。それは視覚に障害のある人に限らず、車椅子ユーザーも車椅子の種類によっては狭すぎたり、必要な設備がなかったりして、どの多目的トイレも使えるわけではない。

わたしは、視覚に障害のある女性を案内するとき、一緒に個室に入って「流す」のボタンがどこにあるか、一緒に触ってから離れるようにしている(男性だとそれができない)。流すボタンは便器の後ろの方にあったり、壁にあったり、ウォシュレットのパネルの一部になっていたり、メーカーによって一つひとつ異なる。目が見えていてもすぐにはわからないこともあるくらいなので、触って見つけるのはさらに大変なことは想像できる。しかも本来ならベタベタ触りたい場所ではないはずだが、手がかりが他にない場合は、そうするしかないこともあるだろう。視覚に障害のある人にとってのユーザビリティがまったく考慮されていないのだ。

流すボタンは、なぜこんなにもいろんな位置に配置されてしまうのだろうか。それは、わたしたちの社会のデザイナーは障害のない人に偏っているので、自分と異なる体を持つ人のニーズを認識していないというのが大きな原因としてあるだろう。実は、トイレはＪＩＳ（日本産業規格）や国際標準化機構（ＩＳＯ）によって、流すボタンの形や色使い、位置が決められている。しかし、それは多目的トイレでは守られていても、一般のトイレではほとんど守られていない。ということは、障害のある人は、障害の種類に関わらず多目的トイレを使うものとされ、そもそも一般のトイレのユーザーに障害のある人が想定されていないのかもしれない。

また、売り上げに直接つながらないニーズは、数が少ないために資本主義社会においては軽視されてしまうという事情もあるのだろう。スリム化や節水など、マジョリティ向けの商品はニッチなニーズを拾って細かく機能やスタイルが分かれて新商品が開発されていくのに、人の最低限の尊厳に関わる部分は、まったくケアされていないのだ。むしろそういった部分には、マーケット関係なく、全社で統一のルールがあってもいいのではないかとすら思う。一つの製品だけを一生使い続ける人はいないのだから、一つのメーカーあるいは製品のなかでの使いやすさを追求するのでなく、そういった全体の仕組みの部分から設計されてこそ、ユニバーサルデザインなのではないだろうか。

目の見えない人が自動販売機で飲み物を買うときも同じだ。自動販売機もメーカーによって商品の配置が異なるので、運に任せて何らかのボタンを押すしかない。それは「闇買い」と呼ばれているが、コーラを買ったつもりが、おでんが出てくるなんてことも普通に起こる。

もっといたたまれない気持ちになるのは、ATMやカードの支払い端末だ。わたしたちの日常には、いつの間にかタッチパネルが溢れてきた。公共機関であれば、物理ボタンやサインなどで代替する方法が用意されていることが多いが、民間ではそれもないことも多々ある。タッチパネルは、目の見えない人にとっては、何も映っていないガラスと変わりはない。目の見えない友人にどうするか訊くと、一人の時は店員にやってもらうこともあると言う。それはもうその店員を信頼するより他ないということだ。わたしも実際に暗証番号の入力を頼まれることが少なくない。

アクセシビリティは、単にある人が何かひとつの行為をできるようにするということだけではなく、その一つひとつは、大袈裟ではなく尊厳に関わる問題だと思う。尊厳というと重々しく聞こえるのかもしれないが、たとえばスポーツ観戦を例にしてみよう。サッカーでゴールが決まったときなど、観客が興奮して立ち上がる場面がある。その場合、車椅子席がただ設けられていればいいという配置だと、立ち上がった人の背中で視界が遮られてしまう。それは平等な観戦と言えないし、尊厳を損ねるものだ。そのため、国際パラリンピック委員会によるガイドやアメリカの設計基準には、車椅子ユーザーのサイトライン（目と対象を結ぶ線）を確保することが求められている。そういった考え方は日本のバリアフリー法には含まれていなかったため、二〇二〇東京オリンピック・パラリンピックを機に建築設計標準の追補版が作成された。

人はみな、小さい頃から何かが一つひとつできるようになることで、自尊心を養っていく。でも、それは完全に自分ひとりの力だけで可能になっているわけではなく、自分と同じような身体を持つ人に向けて設計された道具や環境に助けられているからだ。そして自分で失敗しながら、あるいは同じ経験を持つ人からそれらの使い方を学ぶことで、できることが増えているのだ。障害によってできないことが多いことが当たり前とされ、障害のない人のように生活や人生の楽しみを得ることからも除外されていたとしたら、それはその人の尊厳を損なわせ続けるように社会がデザインされてしまっているということだ。

障害の身近な例として、左利きが挙げられることがある。その人の体に向けてデザインされていないことが原因なのに、不便な思いをさせられ、その人が工夫を強いられる。しかし、この場合は不便ではあるが、不可能ではない。つまり、一定数の人がいるので、それなりに対応した商品が開発されてもいるし、同じ経験を持つ人と意見を寄せやすい。一方で、そもそも不便という次元ではなく不可能なのに、その状況はずっと変わらない人がいる。障害のない人が当たり前に過ごす世界において、自分の存在が無視され続けているように思える人たちが、すぐそばにいるかもしれない。

続けられるウェブアクセシビリティを――伊敷政英《いしきまさひで》さん

アクセシビリティを仕事にする

伊敷政英《いしきまさひで》さんは、アクセシビリティを仕事にする視覚障害者だ。専門はウェブのアクセシビリティで、障害者専門のクラウドソーシングサービスを提供する「サニーバンク」で、アクセシビリティ関連のアドバイザーを務める。アドバイスだけではなく診断の依頼に対して進め方の設計をしたり、講習会の講師をしたりしているそうだ。

わたしが初めて伊敷さんに会ったのは、今から六年ほど前、映画『ナイトクルージング』のウェブサイトのアクセシビリティを考えていたときだった。ウェブサイトを開くと真っ黒の画面が現れ、ユーザーがマウスや指を動かすことで文字や画像などの情報が見えてくるという視覚的な仕組みを、目が見えない・見えづらい人にどう伝えられるのか悩んでいた。伊敷さんは、見えない・見えづらい人にも、ウェブサイトのコンセプトがわかるようにソースコードに情報を入れた方がよい、とアドバイスをくれた。最初から諦めるのではなく、体験の意味を共有することの大切さを教えてもらった。

弱視学級の生活

その時、伊敷さんは弱視だったが、その四年ほど後に全盲となった。伊敷さんは、小学校に入る前までは〇・一くらいまで見えていて、一般の小学校に通い授業を受けていた。黒板の字が読めていた時期もあったが、二年生になると黒板の字も教科書の字も読めなくなった。弱視の状態としてよく言われる「レースのカーテン越しに見えていた」ような見え方で、人がいることはなんとなくわかるがそれが友人なのか他学年の子なのかははっきりしない、という程度の視力だった。二年生の時、他校の弱視学級を担当していた先生が伊敷さんのクラスを訪れることがあり、伊敷さんが教科書にものすごく目を近づけて授業を受けている様子に気づいた。それがきっかけとなり、伊敷さんは週に一度ほど弱視学級のある小学校に通うことになる。単眼鏡やルーペ、ノートが取りやすいよう天板が傾斜する机。モニタの画面上に文字を拡大して写しながら文字を書いたり読んだりを可能にする拡大読書器。さまざまな道具の使い方を学んだ。

一年ほど経ち、たまたま引っ越すことになって、通っていた弱視学級のある小学校に転校した。授業についていくのに困ったことはなかったが、友達をつくるのは難しかった。歩いて三十分かかる学校には母親が送り迎えをしてくれていたので、誰かと一緒に登下校したり、放課後に遊びにいくような機会が持てなかったのだ。「転校生で、眼が悪いというのもあるし、周りの子たちも自分もどう接していいか、どこまで何をサポートしたらいいか、してもらったらいいかわからなかった」。

普通でいられる環境

中学からは筑波大学附属の盲学校に通った。盲学校の話になると、伊敷さんは「めっちゃくちゃ楽しかった」と声を弾ませた。盲学校は「自分はこれが見えません」と普通に言っていい場所だった。そう聞いて、わたしは自分のことを当たり前のこととして話せる場所が一般の学校には当たり前にあるわけではないという事実を改めて認識した。小学校の先生たちは色々サポートしてくれたが、板書が読めないことを言いだしづらい雰囲気があったという。「担任の先生に『単眼鏡も渡して一番前に座ってるんだから、見えないなんて言うな』と言われたこともありました。『あとはお前が頑張れ』と。『でも、見えんもんは見えんしなぁ』と思って」。

伊敷さんは盲学校に入って、自分よりも見えない人が普通にいることを知った。全盲の同級生や、先輩後輩と一緒に歩いたり、手引き（誘導）を覚えて池袋に遊びに行ったり、見えないことを互いにオープンにしたうえで、友達付き合いができた。

一番楽しかった思い出は、「盲人野球」。バレーボールを地面に転がし、ボールと地面の擦れる音を頼りにバットをゴルフのように下から振る。するとボールが打て、野球のようなことができる。中学二年生のある日曜日、寮で先輩たちと野球をやることになった。ボールが飛んでいかないようにグラウンドにネットを張って、五、六人で始めたが、寮生たちがどんどん集まってきて、最後は二十人くらいになった。そこからしばらく野球ブームがきて、日曜の恒例となった。盲学校では音楽活動もすごく盛んで、授業だけでなく、みんな何かしらの楽器をやるか歌を歌っていた。伊敷さんも例に漏れず、中学生の頃はパーカッションやモンキータンブリン、高校に入ってからもバンドを組んでドラムを担当した。

数学の美しさ

伊敷さんの通っていた中学部は、点字のクラスと弱視のクラスに分かれる。弱視のクラスに入るつもりだったが、視力が低いから点字の方がいいと点字の教科書を配られた。「ボツボツが気持ち悪い」と思いながら、特別な時間割を組んで、集中的に点字を勉強する期間をつくってもらった。一年ほど勉強して、授業についていけるくらいのスピードで教科書を読めるようになった。大人になってからだとなかなか難しいので、やっておいてよかったと今は思う。でも、授業についていくぐらいの点字の能力はあっても、受験となると話は別。数学や物理の試験は、途中の計算式を自分で書いて、それを読みながら考える必要がある。それを点字でやっていたら絶対間に合わないと思った。そこで大学受験は墨字（印刷された文字）で拡大読書器を使いたいという要望を出し、受け入れてもらった。

一浪して、東京都立大学に進学。数学を専攻した。都立大は、盲ろうで初めて大学教授となった福島智《ふくしまさとし》さんの入学がきっかけで、視覚障害のある学生の受け入れに積極的だった。とは言え、入学した後の学生生活やレポート、試験にサポートはなかった。二年生頃までは職員がボランティアで週に一度掲示板を読んでくれていたが、それ以降のゼミの情報などは知ることができなかった。大学も楽しかったけれど、盲学校とは違い、やはり友達をつくるのは難しかった。

数学の魅力を伊敷さんはこう話す。「関数のグラフは美しい。図形が好きで、放物線や双曲線、球面やドーナツの表面も綺麗だと思う。図形を表す式を書けるのもかっこいいなと思って」。伊敷さんの頭には、どのようなグラフが思い描かれているのだろうとわたしは想像した。

ところが、数学は好きでも、数学の授業は大変だった。先生が黒板に式を書いて説明をするが、見えないので全然わからない。数式をできるだけ声に出して読んでくださいとお願いしても、すぐ忘れられてしまう。授業に出る意味が見出せなくなり、図書館でずっと勉強していた。都立大の図書館には、視覚障害がある学生専用の勉強できる部屋があった。歴代の先輩たちが授業で使った点字の資料やテキストが保管され、拡大読書器も置いてあった。読みたい本を探してきて、その部屋に持っていって勉強する。席を探すのに人に頼る必要もない。心理的安全性が確保された数少ない場所だったのだろう。

アクセシビリティと数学は似ている？

ウェブとの出会いは、意外なところからだった。在学中、高校の同級生と後輩が組んでいたバンドが、バンド甲子園のようなもので優勝した。メジャーデビューをすることになり、せっかくだからとホームページをつくることになった。メンバーは全員、視覚障害者。おのずとメンバーが見やすい、管理できるウェブサイトが必要となる。事務所のスタッフに詳しい人はおらず、伊敷さんに手伝いを求めた。伊敷さんは、面白そうだからとＨＴＭＬタグ辞典を買ってきて、サンプルコードを打ってつくりはじめた。それが、その後の人生の原点となる。

大学を卒業し、研究者を目指して仙台にある大学院の情報科学研究科数学専攻に入った。しかし経済的な理由で、半年で辞めざるを得なかった。アルバイトをしたかったが、視覚障害の若い人ができるバイトはなかった。そして、いまでもほとんどない。アルバイトは、多くの人にとって社会に出る前の練習の場であり、失敗できる場だと思う。障害のない人にはとるに足らないように思える、でも実は人間関係や社会経験を積むうえで大事な機会さえ限られているのだ。

大学院を辞めて時間ができた伊敷さんは、改めてウェブサイトをつくる勉強を始めた。当時「あなたは何人目のお客様です」と表示するカウンターは、数字の部分が画像になっていて、代替テキストも入れられないため、見えないとわからなかった。流行っていた掲示板も、そもそも文字が小さかったり、黒い背景に白や黄色の文字で表示したくても色の設定がうまくできない。どうやらそれらをつくるにはプログラミング言語が必要らしいとわかり、勉強して自作した。

そんなふうに過ごしていたら、視覚障害者のメーリングリストで、総務省がウェブアクセシビリティの実証実験をするという情報が流れてきた。重点的に取り組みを行う地域の一つに仙台が選ばれていた。伊敷さんは仙台市役所に電話し、当事者として実証実験に参加することになった。そこで、自分の目で見てフィードバックや提案をすることに手応えを感じた。「ウェブサイトをつくるのもそうだし、チェックをすること。ここが見づらいとかわかりづらいとか、それはなぜか、どうしたら良くなるのかを考えるのが好き。数学の問題を解いてるような感じなんです」。

その後、父親が脳挫傷を患いしばらく働けない状態になったため、二〇〇二年頃に東京へ帰った。ウェブアクセシビリティを仕事にしたいと思い、総務省の事務局を請け負っていた会社で働きはじめた。アクセシビリティ専門ではないが、中央省庁や自治体からの調査案件や研究を請け負うなかに、アクセシビリティもあった。総務省の実証実験をきっかけに、公共機関ではウェブアクセシビリティの認知が広まりつつあった。そうしていろんな省庁や自治体のウェブサイトのアクセシビリティのチェックやリニューアルの支援、セミナーや研修で弱視の人の見え方やウェブ利用についての説明などをするようになった。

六年働いたが、退職する二年ほど前から目の具合がだいぶ悪化してきた。角膜の病気があるので、目の痛みが起き上がれないほど強い。光が目に入ってくると、さらに痛くて、涙が止まらない。角膜移植を何度かしたが、しばらくすると拒絶反応が起きて元の視力に戻ってしまう。自分のペースでできるやり方でと、個人事業主を始めた。

続けることを後押しする

ウェブで利用される技術の国際標準化を推進する団体W3Cは、ウェブコンテンツ・アクセシビリティ・ガイドライン（WCAG）を公開しており、それは四つの原則から構成されている。知覚できること、操作できること、理解できること、堅牢であることだ。それらに加えて、移り変わりの激しいウェブだからこそ、続けていくことも重要だとわたしは思う。

アクセシビリティを伝えるうえで、伊敷さんが当事者としてまずすることは、思い込みをほどいていくことだという。目が見えない人はパソコンやスマホは使えない、という思い込みは未だ根深く、視覚障害＝全盲と思っている人も多い。伊敷さんがPCを持って、いつものように色を反転したり、画面の情報を拡大して見せるだけで驚かれる。大きくすると当然視野が狭くなる。多くの人は、伊敷さんがそんなふうにウェブを使っている様子を見て、さらに驚く。

伊敷さんと話していると、アクセシブルになることで、障害のある人が主体的に情報を得て生活が豊かになる可能性を信じていることが伝わってくる。

「インターネットの魅力は、自分でできることが増えること。それまでは、情報を得ようと思えば、誰かに読んでもらう、大きな文字で書いてもらう、録音してもらうとかしなきゃいけなかった。

当然人手は足りないし、タイムラグにつながるし、プライバシーもダダ漏れ。解決しづらい問題がすぐ出てくる。ネットに情報があるだけで、自分で取りにいける。かつそれがアクセシブルな形で公開されていれば、僕らでも障害のない人と同じレベルの便利さで、情報を入手したりサービスを使えたりする。それはめちゃくちゃ嬉しいんだ、ということを伝えるようにしています」

障害について身構えたり難しく考えたりしてしまう人がまだ多いなかで、伊敷さんのこんな前向きな気持ちに触れたら、少しでも良くしたいと思う人は増えていくだろうなと感じる。

伊敷さんは、アクセシビリティのフィードバックをするときに、良い点を伝えることを大事にしていると話す。相手も人なので、「あれもこれもできてない」と言うより、少しでも良い点を伝える。しかしそれはモチベーションの話だけではなく、技術的な面もあるようだ。いまのウェブサイトは一からつくるわけではなく、CMS[1]（コンテンツ管理システム）やテンプレート、ライブラリを選んで、本当に必要なところだけ自分たちでコードを書くというふうにつくることが多い。そうすると、テンプレートなどの選び方によって、意図せずアクセシブルになっていることがあるという。でもそれに気づいていないと、次のリニューアルでやめてしまうことがある。そうならないように、「この部分はアクセシブルだから続けてください」と伝えている。

意図されてかわからないが、障害のある人が使えていたウェブサイトやサービスが、アップデートのタイミングで使えなくなってしまったという話はよく耳にする。伊敷さんは、そんな苦い経験に泣き寝入りするのではなく、少しでも状況がより良くなる方へつなげようとしている。

「アクセシビリティには、終わりがないと思っています。だから早く始めて継続することが大事。最初の段階で完璧を目指さなくていい。視覚障害のある人のなかでも、『まずは弱視の人にとって読みやすくするためにコントラストを上げました』だけでも全然いい。『ここの代替テキストを一個つけました』でもいい。ただ、『継続してくださいね』と伝えるようにしてます」

矛盾するニーズと障害者の多様性

サニーバンクでは、いろんな障害のある人でチームをつくってアクセシビリティを診断するようにしている。スクリーンリーダーユーザー[2]も、弱視の人も、肢体不自由の人も、精神障害や発達障害の人も、聴覚障害の人もいる。どうしても予算の関係で難しい場合もあるが、基本的には、多様な障害のある人が一緒にアクセシビリティをチェックして改善していくことを大事にしている。

伊敷さんは、自分とは異なる障害のある人と協働するようになって初めて知ったニーズもたくさんあるという。たとえば、「精神障害のある人は、目は見えるし耳も聞こえるし、手も動くし、ウェ

1　ウェブサイトの構築に必要となる文字情報や画像、ページデザイン、サイト構成などの各種コンテンツや設定情報などを一元管理し、ウェブ技術者以外がサイトの構築や編集を行えるようにするシステム。

2　コンピュータの画面情報を音声や点字にして読むことのできるソフトウェア。

ブサイトに対して困っていることがあるのか、よくわかんないなって思ってた」と伊敷さんは話す。実際に仕事を依頼してみると、色の組合せ、たとえば黒い背景に白い文字、濃い背景に淡い色の文字が続くと、すごく気分が落ち込むとか、つらくて読んでいられないという声が上がった。また、エラーメッセージも、「フォームに入力した内容が適切ではありません」や「必須項目なので入力してください」といった言葉遣いや出し方によって、怒られている気がして気持ちがついていかない、そこから先に進めないという意見があった。そういった意見に触れ、伊敷さんはとても驚いたという。

ニーズが矛盾することも多々ある。たとえば、弱視の人が「とにかくコントラストを上げてほしい」と言う一方で、発達障害で感覚過敏がある人は「強いコントラストは目が疲れてつらい」と言う。どんな色をどのくらいのコントラストにするか。最終的にはクライアントのデザイナーなどと一緒に検討するが、単にコントラストの調整だけでなく、そのサイトで使っている色のセットに合う形でコントラストを上げるなど、サイトのデザインを崩さないちょうどいい塩梅のところを見つけることがデザインの醍醐味だと話す。

障害のある人は、同じ障害を持つとされていても、一人ひとり状態は違い、異なるニーズを持っている。その事実を知ると、一体どこまでをどうカバーできるのかと途方もない気持ちになる人も少なからずいるのではないだろうか。それに対して伊敷さんは、「やはり継続することが重要」と話す。チェックをする人が障害別に二人ずついたとしても、十人程度。それだけで大丈夫なのかという声が上がる。しかし、一回ずつの人数は少なかったとしても、次はまた別の人たちにチェックしてもらうことを継続する。そういうサイクルを回すのが大事だと伊敷さんは話す。話を聞きながら、わたしたちは一度になるべく多くをカバーしようと気負いがちだけれど、できることを少しずつ違った方向から積み重ねていくことこそ大切なのだと感じた。

障害のある人とない人が一緒に楽しむ

伊敷さんは、意見をくれた障害のある人の要望を全部叶えるのではなく、どれをどういうふうに取り込んでいくと障害のある人もない人も一緒に楽しめるかを検討しながら、改善の提案をしている。情報を揃えても、それが一緒に楽しむことにつながっているかというと、また別の話だったりする。障害のある人と障害のない人が、できるだけ一緒に楽しむのを可能にするためにアクセシビリティが必要だという考え方だ。

たとえば、写真に対するニーズは、視覚障害者のなかでもさまざまで、まったく興味がないという人もいれば、自分では見えないけど日常的に撮っている人もいるし、一緒に出かけると撮ってほしいと言われることもよくある。それは、写真がどういう役割を持ったものかを考えると腑に落ちる。写真は、単に自分ひとりで確認するものではなく、家族や友人に見てもらうコミュニケーションツールでもあるからだ。伊敷さんは、代替テキストだけで済ませるのではなく、見える人がどんなふうに見ているか教えてもらうのも楽しみのひとつだと話す。

一緒に楽しむことを目的に置くと、一般向けのウェブサイトとは別にスクリーンリーダー用のウェブサイトをつくるのではなく、一つのページでできるだけアクセシブルにすることを後押ししたいと伊敷さんは考えている。それは、更新漏れが起こってスクリーンリーダー用の情報だけが古いままになる可能性があるといった実務的な面もある。しかしそれよりも重要なのは、障害に関わらず同じものを楽しめること。もし更新の問題がなかったとしても、スクリーンリーダーを使う人は別のサイトというのは疎外感があるし、多くの人と同じものを見たいからだ。得られる情報は同じでも、分けられると体験としては違うものになってしまう。

量と質の問題

ここ数年で、動画配信サービスTVerが、ドラマの「解説放送版」を配信するようになった。しかし、TVerの仕様には音声描写の有無を視聴者が選べる設定がないので、二つのコンテンツを上げることになる。伊敷さんは「解説放送版」をとても楽しんでいる一方で、本編とは別に用意する手間を考えると、続くのか心配しているという。今は数がかなり限られているので何とかなっているのかもしれない。しかし今後数を増やすためには、できる限りつくり手の労力を減らして継続できるようにする必要がある。つまり、一つ上のプラットフォームのレベルでのアクセシビリティの対応が必要になってくるのではないだろうか。また、ＡＩを積極的に取り入れることによって量を増やし、情報格差を縮めていくことも必要になってくるだろう。

たとえば、視覚に障害のある人に向けて点字や音声によるDAISY図書[3]を貸しだす「サピエ図書館」がある。そこでは、点訳データや音訳（墨字を音声にすること）はボランティアで行われている。高齢化で人が足りず、後継者もそんなに育っていない。そもそもスキルが必要な点訳や音訳をボランティアでやるのは負荷が大きい。継続的にというなら尚更だ。それがネックになってコンテンツの量が増えていかないのは本末転倒ではないか、と伊敷さんは話す。「音訳や音声ガイドに取り組んできた先駆者にはもちろん感謝しつつなんですけど、それだったら多少読み間違いがあってもいいから、合成音声が読んでくれる本が増える方が僕はありがたい。とにかく読めないコンテンツがたくさんあるので」。

それは、あらゆることに当てはまると思う。多くの分野で障害のある専門家がいないというのは、知識や経験を構築するための十分な情報に触れられないというアクセシビリティの問題がある。いまの時代、本当にオリジナルなものは少なく、多くの人が過去の蓄積を組み替えて、新しいアプローチや枠組みを見つけてつくっていると言える。そんななか、見られる量が圧倒的に限

3　「Digital Accessible Information System」の略。視覚障害者や印刷物を読むことが困難な人々のためのアクセシブルな電子書籍の国際標準規格として、五〇カ国以上の会員団体で構成するデイジーコンソーシアムにより開発と維持が行われている。

られる人たちは、どうしても不利だ。長年続いてきた不均衡な状態を本質的に変えるのは、これまで人が「福祉」として分けてきた分野に、「思いやり」や「配慮」とは違う次元からテクノロジーが入っていくことなのかもしれない。

同じ土俵に上がる

合理的配慮が義務化になったといっても、すべての物事があらゆる可能性を見越してアクセシブルになるわけではない。しかし、障害のある人が申し出ることによって、障害のない人が気づけることはたくさんある。伊敷さんは、あるウェブサイトが使えないなと思ったら要望を出す習慣があるけれど、他の障害のある人からは、「やったことがない」「どこに問い合わせていいかわからない」「これまで対応してもらえなかったからやっても無駄だと諦めている」といった声をよく聞くという。「建設的対話」という時、もちろん企業の側にも対話に応じてもらう必要があるが、同じくらい当事者や当事者団体の側も対話ができるコミュニケーション能力や、交渉能力、プレゼン力をつけていかないと、望む世界にはなっていかないと話す。

「この機会に当事者側も変わっていかなきゃいけないんだと改めて思うんですよね。今までみたいに誰かが意見を言ってくれて、よしなに計らってくれるのを待ってる状態だと、いつまでたっても自分が望むような世界は訪れない。無駄かもしれないし、問い合わせ先が違うかもしれないし、すぐには動いてくれないかもしれないけど、まず自分たちがこれで困ってるんだということを直接言わないと始まらない」

しかし、そういった能力も、もとになる情報や機会の少なさを考えると、多くの障害のある人は、自分には関係のないことだと思ってしまうかもしれない。法律による義務化という追い風があっても、すべての当事者が社会に出ていってその機会を有効に使えるかはまた別の話だとわたしは思う。そのために、これまで顧みられなかった基本的なニーズに社会全体で応えていくというだけでなく、長期的な教育の機会や専門性へのアクセシビリティが必要なのではないか。

伊敷さんは、まだ弱視だった頃に、道具やインターネットを駆使しながら、手探りで自らの専門性を構築していった。それでも、多くの人が通る「この分野を志すならこれを見ておくべき」といったものにはたいていアクセシビリティが担保されていないので、同じ土俵に上がれないと話す。しかし、いまはそういったアクセシビリティの橋を架ける役割を、自らが担うようになった。

伊敷さんはよくＳＮＳで宇宙に関係した投稿を共有している。ある日、ＪＡＸＡの月探査機が着陸成功した様子を撮影した画像に対して、「写真への代替テキストを読んでワクワクする。月面着陸かっけー」と投稿していた。今も根底にあるのは、アクセシビリティが高まることで自分の世界が確実に豊かになっていくという、わくわくした実感であることに変わりはない。

ゲームはアクセシビリティの実験場

ゲームアクセシビリティの着実な進歩

ゲームの世界は、わたしが知る限り、特にここ数年で最も見逃すことのできないアクセシビリティの実験場になっている。それは何より、必要な人が必要に応じて「選べる」ようにアクセシビリティの開発が進んでいることが大きい。一方、現実世界のアクセシビリティでは、ユーザーが選べることはまるで贅沢であるかのように基本的に省かれ、しばしばひとつの解が求められる。そうなると、できる限り多くの人を含めるように設計する最大公約数的なアプローチにならざるをえない。だから、物理的な制約がないゲームの世界の方がアクセシビリティをつけやすいとは言えるが、それだけでアクセシビリティが育つ土壌として十分とは言えないだろう。一体、何がゲームアクセシビリティの風景を変えたのだろうか。

ゲームのアクセシビリティは、大きく二つの領域に分かれる。一つ目は、ハード、つまりゲームをプレイするためのＰＣやコンソール（Xbox や PlayStation など）、コントローラーである。身体に障害のあるプレイヤーにとっては、コントローラーを握って操作することがそもそも難しい場合も多い。また、他の多くの障害と同じように、身体障害は人によって障害のある部位や程度も異なる。そのため手だけでなく口や視線など、どのような入力方法を用いるかも人それぞれで、ひとつのデバイスに収めることが解決策にはならないことが多い。最も重要なのは、スイッチやボタン、ジョイスティックといった、その人が使い慣れた外部デバイスにも接続できるなど、独自のカスタマイズができることだ。コントローラーに手を加えて使うプレイヤーも少なくないが、最近ではXbox アダプティブ コントローラー（二〇一八年）、Nintendo SwitchやPCで使えるフレックス・コントローラー（二〇二〇年）、PlayStation 5で使えるAccessコントローラー（二〇二三年）といった障害のあるプレイヤー向けのコントローラーも発売されている。

もう一つが、ソフトである。ソフトのアクセシビリティは、二〇二〇年に発売されたアクションRPGゲーム『The Last of Us: Part II』を皮切りに、急速に大きな発展を遂げている。『The Last of Us: Part II』が発売されたとき、視覚に障害のあるゲーマー、スティーブ・セイラーのTwitterへのエモーショナルな投稿が大きな反響を呼んだ。スティーブはゲームを起動すると、「僕がアクセシビリティのために働いてきたのは、このためだったんだ…！」とさめざめと泣いた。

その後、このゲームは、視覚障害に限らずさまざまな障害のあるプレイヤーがプレイできるだけでなくクリアできる初めてのコンソールゲームとして、世界中で熱狂的に受け入れられた。重要なのは、『The Last of Us: Part II』は決して福祉を目的につくられたものではなく、世界のゲームメディアがその年の優れたゲームに与える「Game of the Year」を受賞したトリプルA（予算など開発規模の大きいゲーム）だったということだ。

『The Last of Us: Part II』には、六〇種類以上のアクセシビリティオプションが搭載された。まず大きくは、視覚障害、聴覚障害、運動機能障害という障害特性に応じたプリセットが用意されている。一部だが例を挙げると、視覚障害のあるプレイヤーに対してはすべてのメニューを音声で読み上げるほか、アイテムやアクションを示す「音響キュー」が提供される。聴覚障害のあるプレイヤーのための字幕は、サイズの変更や話者名の色分けができ、画面外の声の方向まで視覚的に表示される。腕や指先の動きに障害がある人は、ボタンの連打を回避できるほか、ボタンを使いやすいように配置し直すことができる。もちろん、プリセットに含まれるこれらの機能は、個別に変更可能だ。つまり、障害特性に応じて大まかに選ぶことができるだけでなく、それに収まらない個別のニーズに合わせて細かく調整することによって、自分で体験をデザインできるのだ。

『The Last of Us: Part II』が生まれた背景

ゲーム史に残るアクセシビリティの金字塔を打ち立てた『The Last of Us: Part II』のアクセシビリティ開発は、一人の障害のあるゲーマーの要望から始まった。ある日、ゲームを制作したノーティードッグ社のＵＩデザイナーに、ジョシュ・ストローブという脳性麻痺のアクセシビリティコンサルタントから連絡があった。ジョシュは、同社がつくった『アンチャーテッド 黄金刀と消えた船団』（二〇〇九年）をプレイしたが、障害によりボタンの連打ができず、ゲームを進められなかったと話した。それを聞いた開発チームは、当時開発中の『アンチャーテッド 海賊王と最後の秘宝』（二〇一六年）では、ボタンの長押しが連打の代わりになるオプションなどを開発し、ほぼ片手で操作できるようにしたのだ。

『アンチャーテッド 海賊王と最後の秘宝』についてのトークイベントに、開発チームとジョシュが出演したときのことだった。客席にいた全盲のアクセシビリティコンサルタント、ブランドン・コールから、「次に発売が予定されている『The Last of Us: Part II』には、全盲へのアクセシビリティ機能はないのか?」という質問があった。思いもしない質問にチームは興味を持ち、その後ノーティードッグ社はブランドンをオフィスに招いた。ブランドンは格闘ゲーム『モータルコンバット』（二〇一一年）を音だけでプレイする様子を解説し、開発チームは、キャラクターごとに音がつけられ、画面上で起こっていることが音を聞くだけでわかるサウンドデザインの重要さを知った。

しかし、本当のブレイクスルーのきっかけは、その後に訪れた。ブランドンは「全盲のプレイヤーに対して偶然アクセシブルなものになっている」と語りながら、もともとゲームに備えられた仕様をハックして『バイオハザード6』（二〇一六年）をプレイする様子を見せた。『バイオハザード6』は、地図を起動すると、自動的に進行方向にカメラが向くように設計されていた。つまり、常に地図を起動し続けておけば、自分で方向を探らなくても、進むべき方向に進むことができるのだ。それは後に、視覚に障害のある人がＲＰＧをプレイするときに壁となる移動をサポートする「ナビゲーションアシスト」の開発につながった。

建前ではなく、使えるアクセシビリティ

その後、開発チームは初期の段階からさまざまな障害のあるゲーマーをコンサルタントとして制作に招くことによって、三年かけて開発を進めることができた。それぞれのアクセシビリティを探っていくと、障害のあるプレイヤーの実体験にもとづいたものであることがわかる。たとえば、視覚で全体を捉えるのが難しい人は、「聞き耳（拡張モード）」を使うと、一定の範囲内（範囲も設定可能）にあるアイテムや敵をスキャンし、音でその存在を認知することができる。また、敵が現れたことを視認できず身を隠すことができない人は、「ほふく時視認不可」というオプションを使うと、ほふくをして敵の目から逃れることができるのだ。

「ほふく時視認不可」には、ほふくできる時間に制限が設けられた。それは、コンサルタントの一人から「その機能を使ったうえでの挑戦が欲しい」という提案があったからだ。アクセシビリティに対して、人によってはレベルを下げてクリアしやすくするようなイメージを持つ人もいるかもしれない。しかし、ただ敷かれたレールに乗っていればクリアできるような設えになって

いても、それはゲームをプレイする醍醐味にはつながらない。それを開発者もコンサルタントもよく理解したうえで、障害のあるプレイヤーを低く見積もらない設計がされている。実際に、アクセシビリティ機能として実装されたＱＴＥ（クイックタイムイベント）という時間制限のあるイベントをスローにする機能や、敵や味方を視覚的にわかりやすくするハイコントラストなど、障害のないプレイヤーにとっても役に立つとされ活用されているものもある。

また、『The Last of Us: Part II』がとりわけ革新的だったのは、立ち上げると最初に出る画面で障害の有無にかかわらず「テキスト読み上げ」をオンにするかを選べることだった。いくらアクセシブルなゲームでも、立ち上げてからアクセシビリティオプションにたどり着くまでの動線がアクセシブルではないということは、未だ少なくない。それはまるで、人知れず点字の案内が設置された現実世界のようだ。このゲームは、あらゆる障害のなかでも、文字の読み上げがなければ何も情報を得られないという意味で、最も疎外されている視覚に障害のあるプレイヤーを置いていかないようにできているのだ。

設定できるアクセシビリティ機能はかなり網羅的で、長いリストになっている。それも、あらかじめ障害のない人によって選ばれて短くまとめられたリストではなく、時間がかかったとしても自分たちで探索して必要なものを選びたいというコンサルタントたちからの意見による。

「デザイナーはミニマリズムを志向しがちだけれど、アクセシビリティに関してはマキシマリズムのアプローチをとった」とゲームデザイナーのエミリア・シャッツは振り返る。[4] このように開発の過程を見ていると、アクセシビリティが建前としてつけられたのではなく、開発者もそれをクリエイティブな挑戦として捉え、本当に使えるアクセシビリティが実装されていったことがうかがえる。

技術の進歩とアクセシビリティの両立

ハードとソフトは両輪のため、どちらかが欠けているとアクセシビリティは完全には実現しない。たとえば『The Last of Us: Part II』は、当初PlayStation 4向けに発売されたが、コンソールには音声読み上げが搭載されていなかった。そのため、視覚に障害のある人がゲームを起動するためには、晴眼者の目を借りなければならない状況だった。しかし、その後発売されたPlayStation 5には音声読み上げが搭載されたため、起動からすべて一人で行えるようになった。

これまでゲームの世界では、障害のない人に向けて臨場感の高い体験を提供するために、立体音響の技術やサウンドデザインが発展してきた。実は、それらの技術は、敵が迫ってくる方向や位置を知らせるなど、アクセシビリティの面でも大きな役割を担っていた。ただ、それでもメニュー画面は読み上げないなどによって、目が見えていると当たり前とされる情報を共有できない人がいることは設計に含まれていなかったため、あと少しなのにプレイできないという状況が続いていた。その空白を埋めることができれば、アクセシビリティの開発は決してゼロからではなく、これまで培われたノウハウが生かせる分野なのだ。

また、多くの大規模なゲームが、複数の感覚を通して体験できる、マルチモーダルにつくられていることも、アクセシビリティにつながるものだ。『The Last of Us: Part II』でも振動は繊細に設計され、敵を倒すといったアクションは音の他に、振動を伴って体感することができる。聴覚に障害のある人からは、戦闘シーンやキャラクターが楽器を弾く場面でリアルな振動を得ることがゲームを楽しむ助けになったというレビューもあった。それは、認知機能に障害のある人にも役に立つ機能だろう。

ゲームの世界には、一度リリースしたコンテンツをより使いやすいものにアップデートしていく文化がある。発売された後に、パッチという形でバグを修正したり、コンセプトアートが追加されたりする慣習があるのだ。いまはアクセシビリティもその更新に含まれている。

『The Last of Us: Part II』は、賞賛を浴びる一方で、ゲーム内の映像に音声描写が付けられないまま発売された。それに対して、視覚に障害のあるゲーマーはまだゲームの物語から阻害されている、という厳しい声も上がっていた。しかし、その後ノーティードッグ社は、その前に発売

4 Schatz, Emilia, and Gallant, Matthew. "The Accessibility in Last of Us Part II: A 3 Year Journey." IGDA GASIG, 1 Oct. 2020, www.youtube.com/watch?v=5HDdino-umA&t=360s.

された『The Last of Us』のPlayStation 5向けフルリメイク版『The Last of Us: Part I』に『The Last of Us: Part II』で開発したアクセシビリティ機能を改良したものと音声描写を加えてリリースした。さらにその後、『The Last of Us: Part II』の改良版に音声描写が付き、『The Last of Us: Part II Remastered』という一〇ドルのアップグレード版として発売された（『The Last of Us: Part II』を購入している場合）。つまり、一度つくったら終わりではなく、常に更新を重ねてより良いものにする文化があるのだ。

『The Last of Us: Part II』後のアクセシビリティ

障害のあるゲーマーたちは、そういったゲーム業界の動きを受け、アクセシビリティへの評価を自らのメディアで熱心に発信している。代表的なものが、ジョシュが編集長を務める「Can I Play That?（あのゲーム、プレイできる？）」だ。それは、「For Disabled Gamers, By Disabled Games」というコピーの通り、障害のあるゲーマーによって障害のあるゲーマーに向けられた、ゲームジャーナリズムのウェブサイトだ。メジャーなタイトルは、アクセシビリティ機能の有無に関わらず、障害のある記者によってレビューされる。『The Last of Us: Part II』も、視覚障害、ろう者・難聴者、運動機能障害といったさまざまな障害のあるゲーマーによるレビューが掲載されている。

その後も、ゲーム業界への影響は続いている。残念ながらナビゲーションアシストに類似する機能はあるが音声読み上げがなかったり、その逆だったりと、視覚障害に対して完全にアクセシブルなゲームはなかなか生まれていないが、各社が検討を重ねている動きは見える。インソムニアック社は『ラチェット&クランク パラレル・トラベル』(二〇二一年)や『Marvel's Spider-Man』シリーズで、認知機能に障害のある人に有効とされるゲームスピードを遅くできる機能や、細かくコントラストを調整できる機能を実装している。また、『Forza Horizon 5』(二〇二一年)には、ゲーム内の映像にASL(アメリカ手話)とBSL(イギリス手話)が付けられるなど、これまで取り組まれてこなかった領域への意欲的な事例も増えている。

一般的には、ゲームは生活に欠かせないものではなく、娯楽と捉えられているため、法整備は進んでいるとは言えない。しかし、ノーティードッグ社が『The Last of Us: Part II』をつくるときに参考にしたという「ゲーム・アクセシビリティ・ガイドライン」[5]や、昨年マイクロソフト社が公開した「Xboxアクセシビリティガイドライン」[6]など、少しずつ下地ができはじめている。

5 "Game Accessibility Guidelines — a Straightforward Reference for Inclusive Game Design." Game Accessibility Guidelines, https://gameaccessibilityguidelines.com/. Accessed 23 Feb. 2024.

6 "Xbox Accessibility Guidelines - Microsoft Game Dev." Learn.microsoft.com, 13 Jun. 2023, https://learn.microsoft.com/en-us/gaming/accessibility/guidelines.

それらのガイドラインでも「ユーザーが選択できること」が強調されているのも特徴的だ。

今後もゲームのアクセシビリティにおいて『The Last of Us: Part II』が基準とされることには変わりないだろう。しかし、それが唯一のあり方ではない。ここまではリテラシーの高いユーザーが盛り上げてきたが、さらに裾野を広げるための方向性も検討される必要がある。どこまであらかじめ組み込んで、どこから選択できるようにするのかは、デザインやコスト、開発期間との兼ね合い、プレイヤーのリテラシーなど、さまざまなバランスをとったうえでいろいろな形が模索されるべきだろう。

一方、ゲーム機や周辺機器は高機能になるにつれ値段も上がっており、必ずしも福祉機器として補助金が出るわけではないので、障害のある人のなかでもそもそも手に入れることができない人はまだまだ多いと言えるだろう。そういった意味でのアクセシビリティには大きな課題があるが、ゲーム業界が培ってきているアクセシビリティに関するさまざまな技術が、今後現実世界でも応用されていくことを想像せずにはいられない。

個人の視点が業界全体の共有知となる

環境や設定さえ整えば、障害のない人と対等にプレイできる土壌が、ゲームの世界では実現されはじめている。そして何よりゲームは、障害のある人の「何としてもプレイしたい」という情熱に支えられてきた。その声が開発者に届くことで、たとえその時に実現するのは一人に向けたアクセシビリティだったとしても、実装の経験とそれに対する評価が、ゲーム業界全体の知となって蓄積されていくような状況が、まさに今つくられつつあるのだ。ジョシュはこう言う。[7]

「個々の（ゲーム業界の）変化が、わたしの声によるものだとは決して言いませんが、さまざまなゲームのアクセシビリティの取り組みに貢献できたことを光栄に思っています。現在、業界は『このゲームをプレイできるか？』という問いに対して、個々のコンサルタントの主観的な視点から、アクセシビリティの背後にある客観的な経験科学に向かっている転換期にあると言えます」

ノーティードッグ社のリード・システム・デザイナーのマシュー・ギャラントも、「知識の共有は、ゲーム業界全体のアクセシビリティサポートの進歩にとって重要です」と述べている。[8]

これは、海外に限った話ではない。日本にももちろん、アクセシビリティが担保されていないことによってゲームをプレイできない人たちが多く存在する。日本から生まれるアクセシビリティ機能がまだまだ少ないことを考えると、彼らの声がもっと開発者に届く必要があると思う。そし

7 Bayliss, Ben. "The Last of Us 2 Accessibility Consultants — Advancing the Industry." Can I Play That?, 23 Jun. 2020, https://caniplaythat.com/2020/06/23/the-last-of-us-2-accessibility-consultants-advancing-the-industry/.

8 Stoner, Grant. "The Last of Us Part 2 – A Conversation with Naughty Dog." Can I Play That?, 29 Jun. 2020, https://caniplaythat.com/2020/06/29/the-last-of-us-part-2-a-conversation-with-naughty-dog/.

て、開発者もそれをより多くのプレイヤーがゲームを楽しむためのクリエイティブな課題として受けとめる必要がある。

そんな対話が生まれる機会に少しでもつながればと思い、次からは、ハードとソフトそれぞれの観点から、アクセシビリティを自分のものにしてゲームに挑むJeni《ジェニ》さんと野澤幸男《のざわゆきお》くんの挑戦について書いていきたい。

生きられた経験4

言い訳をつくらずに闘うために——Jen《ジェ》i《ニ》さん

格闘ゲームへの情熱

Jen《ジェ》i《ニ》さんは、世界屈指の格闘ゲームトーナメント「Red Bull Kumite 2024」の日本予選で五〇位以内の成績を収めている格闘ゲームプレイヤーだ。「手も足も出なかったから」と顎《あご》でコントローラーを動かしてプレイすることに決めたJeniさんは、筋ジストロフィーという筋肉が徐々に弱っていく国の指定難病を持ち、小学二年生から車椅子で生活をしている。

Jeniさんは小さい頃、友達とスポーツで遊んだり、誰かと体を動かしてコミュニケーションをとることが難しかった。そんな時、友達とコミュニケーションをとるツールとして、ゲームがあった。コントローラーさえ握ることができれば、同じルールに則ってゲームができる格闘ゲームに魅了された。最初は地域の小学校に通っていたが、小学校五年からは、教室が三階になるために通うことができなくなり養護学校に転校。中学に入ってからはオンライン対戦で友達と遊んだ。

Jeniさんは、病の進行によってできることが減っていくのを認識するほど、普段の生活のなかでは努力して新しいことに挑戦するのが怖くなっていった。でも、ゲームだけはそんなことを言っていられないくらい面白かった。当時プレイしていたのは『スーパーストリートファイターⅣ』。一対一の対戦ゲームのなかだと、たとえば「相手がジャンプしてきたのを昇竜拳で落とす」といった小さい課題を自分で設定して、それを一つずつ乗り越えることができた。なりたかったものに少しずつ近づいたという成長を感じられる瞬間だったと同時に、自己肯定感を高めるきっかけにもなった。それは、Ｊｅｎｉさんのゲームへの情熱をつくる原体験だ。

そんなＪｅｎｉさんがコントローラーを握ることも難しくなったのは、十九歳の頃。パソコンでゲームをすることに切り替えたが、次第にゲームから離れ、デザインの仕事に就いた。風向きが変わったのは、ある時学校での講演会を依頼され、「好きなことややりたいことを見つける方法を生徒に教えてほしい」と言われたことがきっかけだった。改めてやりたいことを考えたとき、一度区切りをつけたつもりでいた格闘ゲームをやっぱりやりたいと思っている自分に気づいた。そして、まずは自分がやりたいことをやって、ゆくゆくはそれが仕事になればと思い、仕事を辞めた。

顎《あご》コントローラーができるまで

最初の大きな課題は、コントローラーを操作する方法を見つけることだった。格闘ゲームにおいては、レバーの倒し方に繊細さは必要なく、倒すか倒さないかの入力に懸かっている。そこで、動かすことのできる首から上を使って、まずは市販のコントローラーを固定して、顎で動かしてみることにした。しかし、ガタガタ揺れて、思った通りの操作はできなかった。しっかり固定できる頑丈なものをつくらなければいけないと考えたとき、いわゆる普通のアーケードコントローラー[9]を改造する方法を思いついた。情報は至るところに転がっていた。通常はレバーとボタンで構成されるアーケードコントローラーのレバーを顎のところに持ってきて、ボタンを外に出して自分が押せる位置に置くことを考えた。

大体のイメージができたので、アーケードコントローラーのパーツをつくったり販売したりしている専門店に相談した。その道のプロは、話が早かった。ラフを見せると、これだったらこのパーツがいいなどアドバイスをもらった。そこから作業療法士やエンジニアの友人の力も借りながら、思ったよりスムーズにつくり込むことができた。

一方、テクノロジーに対して、人間の身体の方がままならない。姿勢や首の角度、指先の状態は日々変化するし、介助してくれる人も専門外なので経験がない。たとえば普段使っているマウスのトラックボールにしても、トラックボールそのものが少し斜めになっているとボールが動きづらいことがある。逆にトラックボールの角度が同じでも、他の部分のコンディションによって

9　もともとはゲームセンターのゲーム機にあるようなレバーと複数のボタンが搭載されたコントローラー。

顎コントローラーとボタンを使ってプレイするJeniさん。

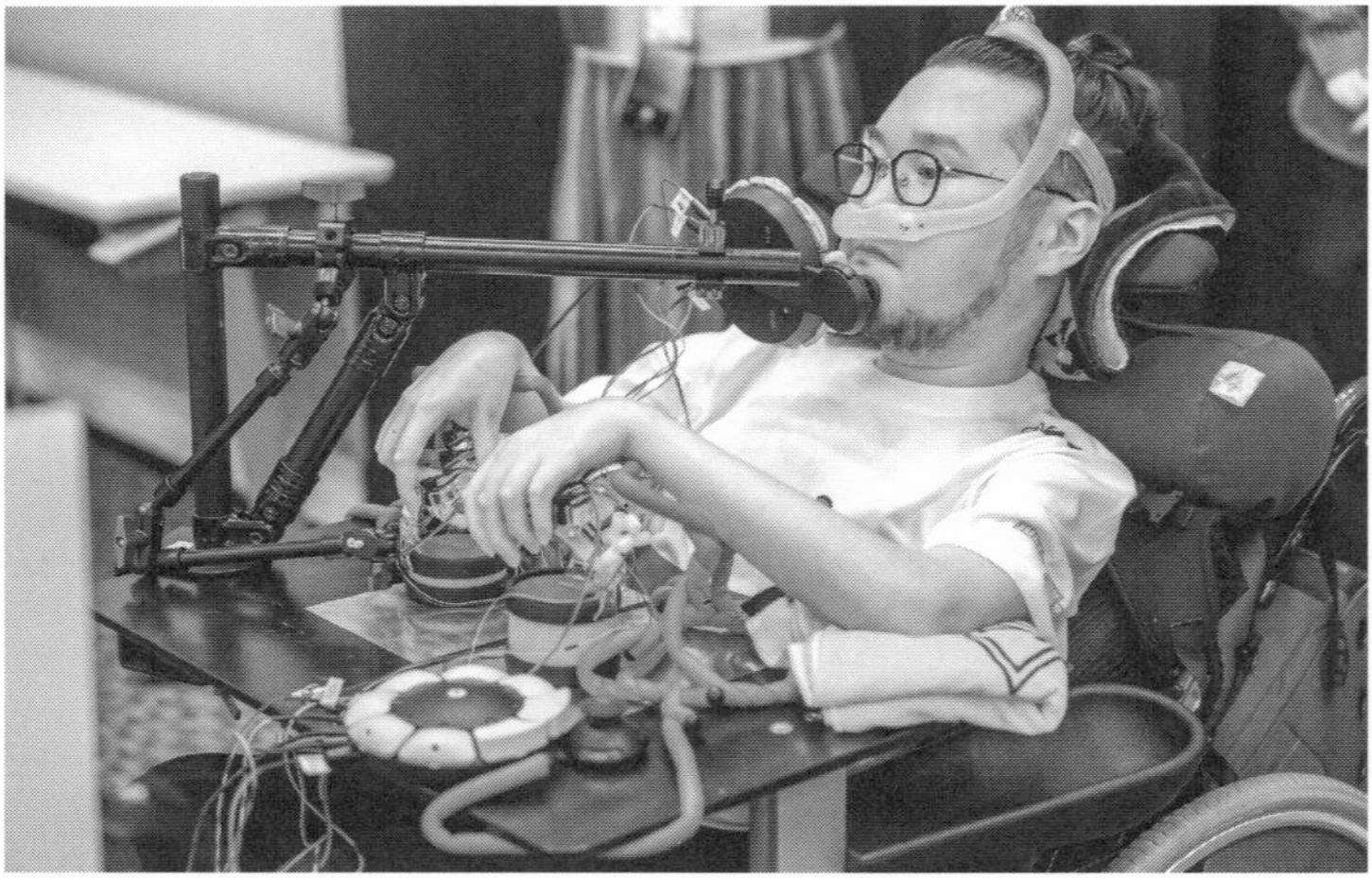

再現できないことも多い。コントローラーのセッティングも、正解がないからどうするのが正しいのかわからない状態もあった。

　しかし、できなかったらゲームをやらないという選択肢は、Ｊｅｎｉさんにはなかった。つくったうえでどういうふうに改良していったらいいかばかり考えていたという。たとえば、手を動かせる範囲がそもそも限られているなら、届く範囲ですべてのボタンが押せるように調整する。軽いスイッチを手のひらに収容できるようなレイアウトをつくる。Ｊｅｎｉさんは、自分が稼働できる範囲と、使えるアウトプットすべてを利用して、対戦ゲームができるような工夫をしている。

「自分のできることとできないことを、自分自身がしっかり認識して説明できないと、誰もつくりようがないですよね。自分に対するプロは自分しかいないと思うんです。自分のことをわかっていることが一番大事かなと思って、そこからスタートしました」

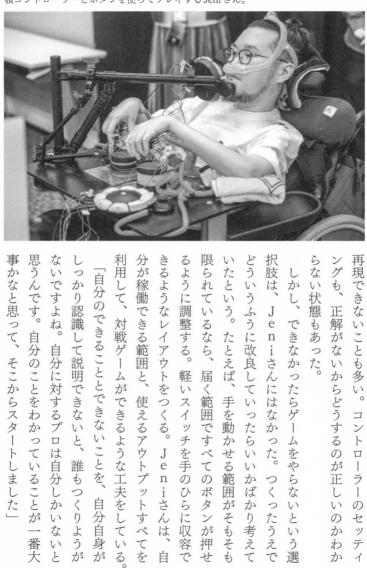

その後Ｊｅｎｉさんは、一年間で八〇〇時間ほど『ストリートファイターⅤ』をプレイしたという。遊びやリハビリの域を超えた時間だ。運ではなく実力で相手を完封することを目標に置いた。始める前に不安に思っていたボタンの同時押しやコマンド入力が難しいという問題は、それに合ったキャラやボタン設定でなんとか解決することができた。上手くなりたくて練習しているうちに、練習が楽しくてさらに練習を重ねていった。

環境による制約の捉え方

驚いたのが、顎コントローラーを使いはじめてから、今より少し体が動いて市販のコントローラーを握って遊んでいたときと比べても、環境によって生じる障害は感じづらくなったということだ。「これだったら操作できるだろうという方法で、工夫をしたうえでハードルをクリアして競技に参加しているので、僕は障害どうこうではないです」とＪｅｎｉさんは言い、いまだに自分の理想には到達できていないけれど、それは障害が理由ではなく、練習が足りていないからだと話す。練習次第でどうにかなると信じられることが、ゲームの力であり可能性だとわたしは思う。

一方、コントローラーの改造に関しては、公平性が担保できないということから、同じデバイスでゲームをするというルールが一般的だった。それが、「CAPCOM Pro Tour」という『ストリートファイター6』の大会では、二〇二三年から「選手の置かれた環境や、身体的な特徴、個性、その他やむを得ない理由」がある人はコントローラーをカスタマイズできるというルールが設けられた。つまり、これまでコントローラーの制約が理由で大会に参加できなかった障害のあるプレイヤーの参加の敷居が下がったということだ。

こういった公平性に関する議論は、パラリンピックでも度々行われてきた。過去には、オリンピックに参加できる記録を持ちながら、義足という身体を補助するテクノロジーが優位に働いているという理由で参加を認められなかった選手もいる。規範的な体を基準とした公平性が、そこから外れた体を持つ人たちを排除してきたのは、ゲームだけの話ではないのだ。

現実をゲームのように動かす

この夏も「EVO2024」という格闘ゲームの大会に参加するため、ロサンゼルスに行く計画と準備を進めるJeniさん。その前向きな姿勢は、これまでのどんな経験によってつくられたのだろうか。そう尋ねると、Jeniさんは「高校を卒業するとき、近くに進学できる学校もなければ通勤できる会社もなかった」と話しはじめた。自分だけ進路が完全に途絶え、自分は何もできてないし、これからも何もできないんだなと思ったという。それと同時に、何もできなくても生きていていいということに、大きな疎外感と息苦しさを感じた。

「何かしたいとか、頑張りたいと思うことも特に求められてないし、むしろしない方がいいのかなくらいに思ったんです。障害年金で生活できるし、働けないんだったら、生活保護をもらって暮らせばいい。言ってしまえば、頑張って成功しても頑張って失敗しても、どっちでもいいよと言われているような感覚。無責任に生きてていいよって言われるような社会のなかで、普段生活していて、僕はゲームのなかだったからこそ、自分のことに責任が持てたし、失敗して反省できるし、下手なのはお前が悪いんだと言ってもらえたんです。それってなかなかないですよ、生きてると。障害を抱えてるとなおさら。それが生きる糧になったのかなと思います」

現実世界で経験することが難しかった失敗や努力を、ゲームから学んだＪｅｎｉさん。今やゲームに留まらず、現実世界でもゲームで培った能力や思考を応用している。たとえば、重度障害のある人には負担の大きい移動についても、自分がどうしたいかにもとづいてスケジュールを立て、介助も自分で手配するなど、ひとつずつ工夫しながら実現している。まるでゲームを攻略するかのように。一方、「自分は働いてお給料をもらっているからこそできている」と言い、自分のしている工夫を他の人もいちいち考えなくてもできるようになったら、絶対に社会はもっと良くなると話す。

「大事なことは、自分でつくること。他の人任せだと絶対に言い訳ができるんです。言い訳をつくらないために自分でどうしたらいいか考えたうえで、誰かに手伝ってもらう。それがアクセシビリティを発展させるうえで重要なんじゃないかと思います」

Ｊｅｎｉさんは、遊びでつながるゲームコミュニティに可能性を感じている。コミュニティが、障害の有無に捉われずみんなで同じゲームを楽しみたいという思いを共有するからこそ、誰かが一緒に遊べないときはそれを助けるためにいろんな意見が出るし、一緒に工夫を考えようという動きができているのではないか、と考えているのだ。そして、自分がそのコミュニティに受け入れられてきたように、今度は他の障害のある人がコミュニティの一員だと認識できるような機会をつくりたいと思い、今はeスポーツを通じて障害のある人の社会参加を支援する株式会社ePARAでゲームイベントのプロデューサーとして働いている。

ＲＰＧのように終わりが設けられていない、格闘ゲーム。「終わったら成長できないから、終わりがなくてよかった」というのが、いかにもＪｅｎｉさんらしい。しかし、すでにＪｅｎｉさんは、ゲームのなかだけでなく、現実を動かしていく力を勝ち取っている。

生きられた経験 5

どんな手がかりも見落とさない——野澤幸男《のざわゆきお》くん

あらゆる手を尽くしてプレイする人

ゲームに並々ならぬ執念を燃やす人がいることを身近で教えてくれるのは、三歳で視力を失った野澤幸男《のざわゆきお》くんだ。野澤くんは、少しでも自分がプレイできそうなゲームが出れば、いち早くその情報を聞きつけ、発売されるやいなや買って試す。期待を裏切られてアクセシブルじゃなかったとしても（それは往々にしてあるのだが）、ありとあらゆる知恵と技術を駆使して、何とかプレイできないか試す。たとえば、他の視覚障害のプレイヤーがどうクリアしたかをネット上で調べまくる。ゲームの世界を片っ端から歩き回って、手がかりをみつける。ゲーム画面を撮影してOCR（文字認識技術）で何が書かれているかを読み上げてもらう。それでもどうしてもできなかったところだけ、見える人の目を借りる。何百回も死んで、偶然でもいいから少しでも前に進む。どんなに小さな手がかりも自分のものにしようとする貪欲さには、いつも驚かされる。

わたしが野澤くんたちと「オーディオゲームセンター」を始めたのは、野澤くんと出会い、音からつくり音だけで遊ぶ「オーディオゲーム」の世界を知ったからだった。野澤くんがつくったゲームを初めてプレイさせてもらったとき、視覚に偏ったわたしは、そこで何が起こっているのかほとんど理解することができなかった。視覚の有無を問わず、音から世界を立ち上げる面白さを共有したいと始めた「オーディオゲームセンター」は、障害のある人が主導する音の世界を障害のない人たちも遊べるようにする、〝逆インクルーシブ〟プロジェクトだとわたしは思っている。

二〇二三年、PlayStation 5のゲーム『Marvel's Spider-Man 2』の音声描写を、縁あってわたしが書くことになった。映像の時間とゲームの時間の区分が明確な『The Last of Us: Part II』と異なり、目まぐるしく移り変わるゲームの音声描写を書くのには、想像以上に苦労した。映像と映像の間にユーザーがどのようなプレイをするか、もらった映像素材から必ずしも想像できるわけではなかったからだ。しかし、頭を抱えたときに拠り所にしていたのは、野澤くん、そしてまだ見ぬ障害のあるゲーマーたちの存在だった。少し難しそうな場面設定があっても、手がかりをちりばめておけば、野澤くんはきっと解いてくれるはずだと思った。そして、自分の描写によって野澤くんたちの旅路が少しでも臨場感のある、わくわくするようなものにできたらと願った。

ゲーム人生の始まり

野澤くんは、ゲームをやりたいからプログラミングを学び、英語を学び、音楽をつくることを覚えた。「今やっていること、ほぼすべてが、ゲームをやりたかったということからつながっていると思う」と話す。四年前に大学を卒業し、今はエンジニアとして働いている。

そんな野澤くんがゲームと初めての出会ったのは、小学生の時。パソコンに興味を持たなかった野澤くんに、盲学校の先生が紹介した野球ゲームだった。それからインターネットでゲームを探すようになり、まんまとパソコンにハマった。そのゲームは、ボールを打つと、そのボールがどうなったかを読み上げてくれた。結果はランダムに変わる単純なものだったけれど、球の速さを投げるときに選べることだけでも面白かった。野澤くんはその頃、姉やその友達と遊んでも、仲間に入れてもらっているような気持ちだった。スポーツもしていたが、晴眼者とやっても主導権はないし、どれくらいできているのか実感が持てなかった。

それに対してゲームは、一人で遊べることが楽しかった。その野球ゲームのウェブサイトに、プログラミングでつくっているということが書かれていた。また、海外の全盲の人がつくった「オーディオゲーム」を発見し、その凄さに圧倒された。でも有料だったりルールがわからなかったりして、全然できなかった。「やり方がわかっている姿が夢に出てくるぐらいやりたかった!」と話す。そして、最終的に音だけでアクションができるゲームをつくりたいと思い、プログラミングの勉強を始めた。

そこから、自分のできる範囲でつくれる、自分がやりたいゲームを三十本ほどつくり、自作のホームページで公開するようになった。小学四年の頃、自分のゲームを好きだという人が現れはじめた。そして全盲の音楽家に音楽を提供するからと要望されてつくったのが、一番ヒットした「後出しじゃんけん」。以降、国内外の先人たちに影響を受けながら、当時大好きだったガラスが割れる音と爆発音をふんだんに使ったシューティングゲームや長編ゲームをつくった。ユーザーのなかには、頑張って日本語を読み解いて楽しんでくれた海外のゲーマーもいたそうだ。

次第に、ゲームにつける音楽もつくりたいと思うようになった。しかし、当時の音楽編集ソフトは目で見て操作する前提でつくられ読み上げに対応しておらず、音の微調整も数値ではできなかった。そもそも今でもゲームをつくるソフトは、基本的に目が見えないと使えない仕様になっている。障害がないと気軽に始められることが、障害があるとがっつりコードを書くところから学んで他の方法を選ぶしかないという、スタート地点から不利な状況がある。

そんな高校時代、ロンドンで訪れたＲＮＩＢ（イギリス王立盲人協会）で、視覚に障害のある人たちがテレビやタッチパネルが使えない現実と、アクセシビリティについて話をしていた。それを聞いて野澤くんは、まさに今自分が直面している状況と同じだと感じた。

「自分が今まで散々ハックを強いられてきたり、それでもできないものを諦めてきたのは、すべてはアクセシビリティがないことによって引き起こされたんだということを、その時はっきり意識しましたね」

ビデオゲームとの苦闘

ビデオゲームで最初にプレイしたのは、『ソウルキャリバー2』。ところが、文字の読み上げが一切なかったので、弱視の人に教えてもらってはいたが、何をもってクリアなのかもよくわからなかった。ボタンを押すとキャラクターが動いて、相手をやっつけられるのは楽しかったが、勝っても自動的に勝ったような感じがしていた。また、場外に落ちると負けるというルールがあり、場外の境がわからないからよく落ちるという不自由さがあった。

みんながやっている『ポケットモンスター　ルビー・サファイア』なども試してみた。やはり読み上げがなかったので、モンスターを区別するために、鳴き声を覚えた。また、当時のポケモンは壁に当たったら音が鳴り、マス目を進むような移動だったため、壁にぶつかりながら一マスずつ探索すれば、進むことはできた。しかし、その後バージョンが変わって壁の音がなくなると、プレイできなくなった。さらに今は移動も滑らかになってしまったため手がかりがなく、全盲のゲーマーがプレイするのは不可能となった。

音楽ゲーム『リズム天国ゴールド』は、画面の配置を友人に教えてもらう必要があったが、それ以外は画面を見なくても音だけでプレイできる、初めてのビデオゲームだった。野澤くんは任天堂DSのタッチパネルが凹むくらい、やり込んだ。『リズム天国ゴールド』は音に合わせてやれば、できたかできなかったかが音でわかるゲームだったので、実感を持つことができた。「評価もそれぞれ音が違うし、パーフェクトを獲るとご褒美がもらえたので、全種目でパーフェクトを獲りました。振り返ると、いまでいうアクセシブルゲームの基準に達していたんじゃないかな」。そう話しているうちに、野澤くんはまたプレイしたい気持ちが湧いてきたようだった。

アクセシビリティがあるからハックできる

その後、しばらくプレイできるゲームはなかったが、『The Last of Us: Part II』の情報を聞きつけ、PlayStation 4を買った。しかし実際には、トリプルAのコンシューマー向けゲームがアクセシブルになるわけがないと思っていたという。『The Last of Us: Part II』には、ゲーム序盤に、アビーという主人公の一人が床下を這って進んでいると、感染したゾンビが襲ってくる場面がある。最初は映像だと思っていたら、襲われて死んだ。それでも死ぬ演出なのかと思っていたら、少し前の場面に戻り、ゲームが再開した。その瞬間、「これはアクションゲームなんだ！」と気づいたという。

その後、クリアするまでに何百回も死んだ。中盤の大ボスのところが一番難しく、死ぬたびに少し前に戻される。ゲームのロードに時間がかかり、終わるといきなりゲームが始まり大ボスが襲ってくるので、数秒で死ぬ。その繰り返し。「ロードしてる途中は何も音がしないから、自分の心臓の音が聞こえるんですよ。ゲームでこんなに心臓がバクバクするんだ！　ヤバいなって。めちゃくちゃ怖かったですね」。

ＲＰＧは、全盲のゲーマーにとってプレイする道が閉ざされた領域だった。特にオープンワールドという、制限なく自由に探索できるゲーム世界となると尚更だ。移動してフィールドを探索することは、現実世界と同じように難しい状況が続いていた。それを変えたのが、『The Last of Us: Part II』の「ナビゲーションアシスト」だ。ナビゲーションアシストは、ストーリーを進めるのに最も効率的なルートに進むことを可能とするアクセシビリティの一つ。ルートを逸れて探索することもできるが、それを使えばいつでも規定のルートに戻ってくることができるのだ。

野澤くんは、「やってると、アクセシビリティの機能がわたしに何をさせたいのか、だんだん気持ちがわかってくるんです」と話す。たとえば、戦いたくない強い敵が、自分の進行方向に立ちふさがっているとする。その時、進行方向とは違う方向にレンガを投げて、敵を誘き寄せたいと考える。しかし、周囲の環境を視認できないので、目の前に壁があったら、自分が追い込まれてしまう。そこで、わざと火炎瓶を持って壁に投げようとすると、「エラー音響キュー」というアクセシビリティが、投げるとダメージを受けることを音で知らせてくれる。いくつかの方向に向き直し試していくと、音が鳴らない方向が見つかる。そこで、火炎瓶をレンガに持ち替えて投げるのだ。さらに敵の足音がつくり込まれているので、レンガが落ちたところに敵が向かったことが音で認識できる。「それが計算通りにいくとめちゃくちゃ嬉しい。そんなふうにハックしていると、ゲームをしてる実感が得られます。その過程も含めてやってるんだと思う」。

ナビゲーションアシストがない世界

「ナビゲーションアシスト」は、目が見えなくても空間を移動することを可能にするが、完全な自由を与えてくれるわけではないという意味で、点字ブロックのようだとわたしは思う。その上を進んだ方がいいことはわかっているけれど、それに沿って進んでいるだけでは、自分の意思で進んでいる実感は持ちづらいかもしれない。そんな時、野澤くんが行っているハックや工夫が加わることで、世界に主体的に関わっている実感が持てるのだろう。

しかし、現実世界を一人で歩くとなると、寄り道をしたり、点字ブロックを見失ったときに、回復するのが難しい。また、社会全般においてＧＰＳの精度がまだ不十分という課題もある。視覚障害者向けのナビゲーションシステムでも、目的地付近で案内が終わってしまうことがよくある。目が見えないとその数メートルの空白に苦労することに、目が見える開発者は気づかないのだろう。「ゲームだったら、少し前に戻るということができる。少なくとも既定路線のところには戻ってくるのでやりようがあるけど、現実では自分がイメージしている地点から、こうやれば来た方向に戻れそうというのが、どんどんずれていく。戻ってきたと思ったけど、また違うところに来ちゃったということがよくある」。

ゲームの世界で野澤くんが難なくやってきた、一歩進むごとに周辺環境を調べるといったことも、現実世界では容易ではない。野澤くんは、「怪しまれないんだったら調べたいですよ。こっちに来たけど、今の曲がり角ってどうなってたっけとか、確認してから進みたいときもあるんですけど、絶対に怪しまれるか、人が寄ってくる。やっぱり一般社会に溶け込まないといけないんで」と話す。アメリカだと通り過ぎる人が「あと一歩行くと車道だぜ」などと大事なことだけ教えてくれるが、日本では自分で探索するということをなかなかさせてくれないという。

エンジニアの立場で考える

野澤くんがブログ[10]でレビューをしたことで、完全にアクセシブルになったゲームがある。昆虫を育ててバトルに挑むRPG『カブトクワガタ』だ。音声合成エンジン「ReadSpeaker」を搭載し画面に映るほぼすべての情報を音声化しているのに、バトルで使うルーレットは見えないと手がかりがない状態だった。音声化は漢字が読めない未就学児に情報を伝える手段として導入されたもので、視覚に障害のある人に向けたわけではなかったのだ。野澤くんのブログは大きな反響を呼び、開発者の目に留まった。そして、ルーレットで一番高い数字が出た瞬間に音が変わるように修正され、音だけでも〝目押し〟ができるようになった。いまでは視覚に障害のないプレイヤーで〝耳押し〟を楽しむ人もいる。開発者は後に、「健常者の方にもよい効果があることが

10 「『カブトクワガタ』は日本のゲームアクセシビリティの革命である」、二〇二三年三月二〇日、https://x.gd/Gk784

わかりました。ルーレットが回る音の高さに変化がついてリズムが生まれることで、タイミングを合わせやすくなったんです。多くの人がもっと遊びやすくなる要素はたくさんある、ということを教わった気分です」と取材で答えている。[11]

「無知であることは罪ではない」と野澤くんは話す。ただ、お互い正直にならないといけないという。プレイしたいと思ってるけどアクセシビリティがないためにできない人たちは、自分たちの要望をきちんと言わなければいけない。たとえば「読み上げを付けてほしい」と言ったときに、「それはできないんですよね」と開発側に言われるとする。理由は、予算がないからなのか、方法がわからないからなのか、開発が進んでしまってるからなのか。それがないと、話が先に進まない。逆にそれがわかれば、野澤くんからこういう方法だとこれぐらいのコストでできるとか、もっとコストを下げたければこうすればいいなどと、提案をすることもできる。

ゲームのアクセシビリティの世界では、野澤くんが少し前には想像もしていなかったことが、ようやく、そして突然、実現しはじめている。野澤くんができる限りの手段を使ってクリアしようとする甲斐があるゲームが、次々と生まれている。その探求は、これからも尽きることはない。

11 「『カブトクワガタ』がもたらしたゲームアクセシビリティの〝革命〟―開発者×ユーザー鼎談で見えた『ReadSpeaker』の魅力」、『GameBuisiness.jp』、二〇二三年八月二五日、https://www.gamebusiness.jp/article/2023/08/25/22119.html

6

座談会　あいだのアクセシビリティ

［参加者］

MORIKO JAPAN（白杖ダンサー、薬剤師）
森田《もりた》かずよ（俳優、ダンサー）
中谷優希《なかやゆうき》（アーティスト）
山崎有紀子《やまざきゆきこ》（聞こえない演劇ファン）

田中　障害者差別解消法の改正など、アクセシビリティについての認識が広まりつつあるとはいえ、まだまだわかりやすい話が取り上げられがちだと思います。そこで今日は、聞こえづらかったり、見えづらかったり、義足だったり、目に見えない障害があったり、「あいだ」にいる方たちの話を取り上げたいと考えて、みなさんにお声がけさせていただきました。今日はよろしくお願いします。

MORIKO　MORIKO JAPANと申します。本名は森仁志《もりひとし》です。

普段は白杖ダンサーをやっています。目がほとんど見えない状態なんですけど、白杖をつきながらブレイクダンスしたり、LEAVE NO ONE BEHINDというＮＰＯ法人の代表理事をしていたり。普段は薬剤師をしていて、最初は薬局に勤めてたんですけど、できなくなってしまったので、今は電話で、お薬の質問とか飲み合わせの相談に応えています。あと、パラリンピックの閉会式や紅白歌合戦にも出演してます。

網膜色素変性症という、だんだん目が見えなくなっていく病気なんですけど、見えている範囲が狭くなったり、減っちゃったり。あとは暗いところが見えにくくなる夜盲、明るいとまぶしくて見づらい白内障、物がゆがんで見える黄斑変性という症状があって、眼鏡とかコンタクトをしても視力が〇・〇二あるかないか。外すと〇・〇一ぐらいで、ギリギリで見ている状況です。人の顔は、屋外で会ったらほぼわかんないんですけど、照明がいい感じのところでめっちゃ近くでずっと見てたら、なんとなくわかるかなって感じです。写真を拡大して見たらもっとわかるんですけど。

田中　何歳頃から見えなくなりはじめましたか？

MORIKO　二、三歳ぐらいからおかしくて、夜盲は出ていたんですよ。夜、迎えに来るお母さんの顔がわからない。小学生の頃は眼鏡をかけていて、視力検査をやると引っかかるけど、ただの近視と診断されて、病気だとはわからず。中高生の頃は、つまずきやすかったり、ぶつかりやすかったり、ガラスに突っ込んじゃったり。高校まではおっちょこちょいなのかな?ぐらいで何とかなったけど、大学に入ると、球技ができなくなったり、人の顔が見えないから挨拶できなくて冷たい人だと思われちゃったり。じゃんけんも、大人数だとできなくなったり。見える範囲がすごく狭くなってきちゃったんでしょうね。

文字を読むときも、指で追わないとどこを読んでるかわからなくなるから、ゆっくり読んでいました。二〇代後半になるとさらに悪くなって、シャーペンの字が見えなくなり、ボールペンの字は何とか見えるかな、という状態から、だんだん太いマッキーの字も見えなくなりました。今は、黒い背景に白い文字にすることでコントラストを強調して読みやすくしたり。文章が長かったら読み上げたり、短かったら拡大して読んだりしてます。

森田　森田かずよと申します。普段はわたしもMORIKOさんと同じ、ダンサーです。パラリンピックの開会式でも踊っています。半分ダンスを踊る人で、半分は演技。俳優もやっています。

生まれつき二分脊椎症《にぶんせきついしょう》と側弯症《そくわんしょう》という障害を持っていて、二分脊椎症は、いわゆる脊椎損傷と似たような症状です。先天的に脊椎の一部が欠けて、髄液が流れて瘤《こぶ》のような状態で生まれてきました。私の場合はその場所がかなり上、肩甲骨の近くになります。その瘤を手術で取るのですが、私はそれをしていないので、かろうじて神経が繋がっている状態です。ですので、感覚や運動機能などが完全に失われているわけではありません。歩くこともできますし、神経は残っているので痛みや感覚もあります。しかし、人より弱いという状態です。

体が非常に湾曲していて、右の肋骨が三本なく、雑巾を絞るような体の捻り方をしています。なので、肺活量が非常に低くて、この間七〇〇を切ってしまったので、それぐらいしかなく、それと足の脛骨《けいこつ》がないので義足を右足だけ、太ももの部分からはめています。肺活量が低くなってきたので、十五年ぐらい前から、外を出歩くときは簡易の電動車椅子を使用しています。

あと、自分の体の曲がり方みたいなものを、どうやったら自分が可視化できるかなって思いながら、人形をつくったりとか。ほとんどマネキンに近いような人形をつくる活動もしています。

中谷　中谷です。アーティストをしています。主に現代美術がメインで、パフォーマンスや映像、インスタレーション、絵画をつくっています。発達障害、ＡＳＤ（自閉スペクトラム症）とＡＤＨＤ（注意欠如・多動症）がグレーゾーンで両方あるのと、精神障害のＰＴＳＤ（心的心傷後ストレス障害）と解離性障害というものがあります。うまく話せなくなることが多いんですけど、フォローしていただけたらありがたいです。

山崎　山崎有紀子と申します。わたしは舞台鑑賞が好きで、普段は鑑賞サポートを利用してどうだったかということを、ＳＮＳ等を通して発信しております。

あとは、「We Need Accessible Theatre!」とい

う活動をしています。これは二〇二五年に帝国劇場が建て替えられることをきっかけに、障害の有無に関わらず楽しめる劇場が増えて欲しいということで仲間と一緒に活動しております。

また、映画や舞台作品に字幕が付くときに、当事者として字幕が読みやすいか、内容に沿った字幕になっているかチェックをする人としても活動もしています。

声でもしかしたらわかるかもしれないのですが、普段は補聴器を両耳につけております。難聴者です。二歳か三歳ぐらいのときに、難聴だとわかり、そこからずっと補聴器をつけております。みなさんの声は音としては聞こえてきますが、内容がところどころしかわからない状況なんです。そういうことで今日は文字による情報保障をつけていただいてみなさんの話を把握しております。

田中 どんどん深い話になっていくと思うので、いきなり本題に入りたいと思います。

アクセシビリティについて話したいのですが、アクセシビリティという言葉自体が大きくて捉えがたいものであるにもかかわらず、独り歩きしている部分があると思うんです。たとえば、映像に字幕や音声描写を付けたらそれでOKとか、階段の近くにスロープを付ければ終わりと思われたり。もちろんそれらも含まれますが、それだけではない。アクセシビリティに関する取り組みが増えるなか、いまの状況をどう感じているか教えてください。

MORIKO そもそもアクセシビリティっていう言葉をわからない、「何だそれ？」って人がまだ多いと思う。僕も、一個一個をこうしたらいい、ああしたらいいっていう物理的な配慮は、大事っちゃ大事ですけど、それ以外の方がもっと大事だと思っているんです。それは、「心のバリアフリー」というか。そこにいる人たちの気持ち。美術館なら美術館、何かの会場があるならそこにいる人たちの心がみんなアクセシブルな状態であったら、僕はその会場やイベントにいやすいんですよね。

　アクセシブルな心の状態って?と考えたときに、僕が思うのは二つあって、「障害の社会モデル」と、最近よく言われる「ポスト資本主義」の話だなと。一つは、障害の社会モデル。僕で言えば、目が見えない状態＝障害ではなくて、それに対する周りの態度や社会がつくっているバリアによって、社会にうまく参加できていない状態。障害者手帳を持ってる人だけじゃなくて、この社会で生きているすべての人が障害と感じることってあると思うんですよ。そういう障害が全部なくなって、みんなに平等なチャンスが与えられて、みんなが社会で活躍できる状態。お金がない、時間がないから配慮できない、助けられないっていうんじゃなくて、もっと他のもの。それが愛なのか、道徳なのか、わからないですけど、そういうもののために動いていけるような社会になってほしい。

　もう一つは、今までの資本主義的なやり方だと、どうしても経済的合理性に則ってばかりで、人権は無視されるし、環境も壊れて社会がダメになってしまう。お金がない、時間がないから、障害を持ってる人やマイノリティへの配慮ができない。そこがいまと違う形になっていかないと解決しないから、みんなで考えていく必要があると思いますね。たとえば、僕ら障害を持っている人や障害に関する活動に新しい価値がついて、お金が出るようになるとか。あと、配慮する人にとってもプラスになるような社会になっていけばいいなって思う。その人ができないことをその人のせいにするんじゃなくて、周りがもっとどうしたらいいんだろうってポジティブに考えて、改善していく姿勢が大事なんじゃないかな。

田中　新しい社会のあり方をつくる必要があるってことですよね。

MORIKO うん。そこへ向かっていく意識ですよね。たとえば、障害を持ってる人の視点が健常者側に入ることで、新しい発見があったりするわけじゃないですか。マイノリティの視点によって新しい能力や配慮が生まれる可能性がある。その可能性を持っていてほしい。新しいテクノロジーが生まれて、ルールや慣例がうまいこと変わって、障害者だけじゃなく、みんなが住みやすい社会になっていけばいいなと思ってます。

田中 はじめからポスト資本主義の話になるとは思わなかったんですが、重要ですね。他のみなさんのご意見も伺えたら。

山崎 MORIKOさんのお話を伺って、障害のある人の視点が健常者側に入ることが重要だなと思いました。わたしは当事者として字幕をチェックしていますが、字幕って聞こえる人がつくるので、聞こえる人の考え方や感覚でつくられていくんですよね。それをわたしのような難聴者やろう者が見たときに「これわかりづらいな」「読みづらいな」ということが実はいっぱいありまして。素晴らしい作品を見ていても、この字幕で引っかかるとか、あそこが読みづらいとか、そのせいで作品のなかに入り込みにくいこともあります。

特に大事だなと思っているのは、漢字にルビを付けること。漢字の読み方が二つあると、どちらで読んでいるのかわからないことがよくあるんですね。みなさんが聞いたことがあって常識だと思っている漢字の読みでも、わたしは音が聞こえなくて知らないから、全然違う読み方をしてしまう。家族とか、聞こえる人と一緒に字幕付きの映像作品を見た後、感想を語り合いながら登場人物の名前とかを言うと、「それ、読み方違うよ」と指摘されることもあります。そういった状況もあって、アクセシビリティに当事者が関わることで、もっと良くなっていくんだろうなと感じています。

田中 アクセシビリティに関する取り組みが増

えている実感はありますか？

山崎　はい、あります。これまでは映画の字幕をチェックする機会が多かったんですが、舞台も字幕が少しずつ増えてきました。まだまだ足りないなという状況はありつつも、広がってきたのは確かだと思います。今年は四月に障害者差別解消法の改正で事業者の合理的配慮が義務化になるので、もっともっと増えていくんだろうなと前向きに考えています。

森田　わたしは視覚でも聴覚でもなく、どちらかというと物理的バリアに関することで差別を感じることがいまもあるなって思います。

たとえば、車椅子に乗っているというだけで、何人かと一緒に行動をしていても、わたしに尋ねるのではなく、介助の方に尋ねる。今日もそういうことがありました。わたしはここにいるのに、「どこに座りますか？」っていうのをわたしに訊かない。もう、明らかにわたしが見えていない状態なんですよね。わたしは背が低いこともあり、車椅子に乗ると一段下がってしまうので、いわゆる健常と呼ばれる人の身長からはまったく見えないこともある。それはお店に入ってもそう。商品が大抵、健常者の人の目の位置にあって、こちらはまったく想定されていないなと思うことがありますね。障害の社会モデルやアクセシビリティを考えるときに、わたしたちが存在していることが可視化されないことへの失望やモヤモヤがあります。

もう一つ。わたしがなぜアクセシビリティが必要と思うかというと、やっぱりわたしたちも同じ時間を共有したいから。たとえば、字幕は、普通の人が聞いて笑うタイミングと、字幕が出て笑うタイミングが違いますよね。わたしの場合、電車に乗るときに必ず待たされる。誰かと一緒にいてもわたしは待たされる。もう次の電車が来てしまうというとき、「あ、じゃあもういいよ、先に乗って。わたしは待つから」となると、同じ時間を過ごすことが難しくなる。そういうことが、アクセシビリティのなかでまだまだなって思います。

先ほど出た「心のバリアフリー」という言葉が、わたしは少しだけ苦手で、それは誰かの心が開かれないと、わたしたちは助けてもらえないから。誰かの優しい気持ちと恩恵がないと、障害者は生きられないのか、受け入れてもらえないのかって思うと、もやっとする。バリアフリーって言葉が本当にいいのかな?って。未だにわたしのなかでは回収しきれてない言葉ではあります。

MORIKOさんがおっしゃるように、わたしたちに対する社会的な価値付けみたいなものは、優劣とかではなく、どこかで転換していかないといけないなと思う。明らかに、「障害者」っていう言葉は強すぎて、わたしたち自身もそれを捉えきれていないし、うまく使えない。この言葉の扱いみたいなものに、しっくりきていないんです。

田中　わたしも、アクセシビリティは人権の話だと思っています。どんなに悪い人にも、犯罪者にも、人権は同じように与えられるべきもの。でも、人権と言うと堅いと思われて敬遠されるんですよね。

あと、障害という言葉に関しては、発達障害の世界で「定型発達者」という言葉がありますね。健常者と障害者というよりも、定型発達かそうでないかという方が、わたしはしっくりきています。「健常者」というのもわたしには大きすぎて、自分を「健常」だと言い切れる人なんているのかなと思うんです。どちらかというと定型発達の方がイメージしやすいというか。自分はそうではないなという意味でもしっくりきます。

中谷　森田さんの仰っていた「誰かの恩恵がないと、わたしたちは生きられないのか」というところに、今すごい泣きそうな気持ちになって。自分も誰かの支援がないと生きていけない時期もあり、今もまだ、正直そうだなって思っていて。なので、嫌なことがあってもNOと言いづらかったり、どんなに「うーん」と思う態度があっても、なかなかその人との関係を切れないことが多くて。相手の顔色を常に窺って生きていて、支援がないと困ることも多いので、今のお話を聞いて、言葉にしてくださってありがとうございますっていう気持ちでした。

精神・発達障害の場合でいうと、アクセシビリティを日常であまり感じられていないというのが現状です。さっきMORIKOさんの話にも出てきた、障害の社会モデルではなく、医学モデルとして世間一般に暗黙のうちに捉えられているなと思うことが多くて。社会側に問題があって、それを取り除く責任が社会側にあるよねということではなく、個人の問題であって、個人の努力や我慢を求められている。そういうふうにされると、日常の困りごとや症状を自己責任として非難されたり、差別されたり。差別って気づかないくらい小さな差別、マイクロアグレッションも日常で目にすることが多いなと感じています。

今回、田中さんに事前に質問をいただいて、わたしも社会の差別的な言葉を内面化していたな、と気づきました。自分の場合は、解決策を積極的に外に求めていくことが「わがまま」なことだと無意識に感じていました。社会に求めるより自分でどうにかすることに慣れてしまっているし、自分でどうにか頑張ればできちゃう場合もあって、そういった、我慢したり、努力したり、お金で誰かに依頼して解決したり、身近な人のご厚意によって自分が成り立っていると思うんです。そういう理由で、精神障害や発達障害者向けのアクセシビリティが少ないのかなって感じました。

もう一つ、特に精神障害のアクセシビリティがないのは、自分自身でも困ってることに気づけていないし、困ってたとしても、どうやったら解消できるのか自分でもわからないことが多いから。

でもそれは、精神だけでなく発達障害もそうだと思う。生まれたときからこの認知の仕方なので。たとえば、電車に乗ってるときに感覚過敏で、匂いのせいで頭が痛くなることがあるんですが、毎回でもないし、匂いの種類にもよるし、対処のしようがないときもある。当事者ですらわかっていないから、アクセシビリティを求めるに至っていないんじゃないかなと感じます。

今挙げた話は当事者側の話で、社会も当事者も両方とも、正しい知識を身につけていくことで、アクセシビリティがもっと生まれていくんじゃないかと思っています。

田中　なるほど。障害によって状況が違いつつも、森田さんがおっしゃった「存在がないものにされてしまう」というところは共通するのかもしれません。

中谷さんのお話を聞いて、障害のことを他の人が完全に理解するのは難しいということは前提としてあるし、一〇〇パーセント理解してからじゃないと動けないとすると、本当に何もできなくなってしまうと思うんです。そのなかで、なかなか伝えるのは難しいけど、ここは自分にとって大事なんだという部分を教えてもらえますか？

中谷　人って常に理性的に言葉を発したり、動いたりできるわけではないってことがもっと広まるといいなと思います。やっぱり精神・発達は、脳のホルモン物質や神経のことなので、どうしてもうまく振る舞えないときもあるんですけど、人間って、理性的であることが常に求められていて苦しいなと思うので、自分の意志で動く力と同じくらい、意志ではどうにもならないことが自分のなかで起こっていることを知ってもらえたら嬉しいです。

MORIKOさんの話につなげて、何でできないかをその人のせいにしない。やっぱりわたしの場合も、「なぜそんな行動を取るんだ」「なぜこんなこと言うんだ」と思われてしまうけど、わたしの人格や人となりのせいじゃなくて、自分の症状として、自分とはまたちょっと別のところでそういうのが起こるんだってことをわかってもらえたらいいなと思って。

わたしは、自分の障害について、いろんな人に質問してもらったり、どう対処したらいいとか、いっぱいお話できたらいいなと思っています。自分も、異なる障害をお持ちの方に「こうした方がいいですか?」「これってどうなんですか?」と訊きたいけど、訊いたら失礼かな?と思うこともある。「訊いたら怒られた」という人の話も聞くんですけど、わからないってことは、現時点では仕方がないので、わかりたいとか知りたいとか、関係を築こうとしてくれているなかでは、いっぱい質問したり意見交換したりしながら、互いに理解と知識を広げていけたらなと思います。

MORIKO 僕もそう思います。社会学者のミランダ・フリッカーという人が「認識的不正義」と言っていて。そもそも言語自体がマジョリティの体験や経験を表現しやすいようにカスタマイズされていくから、マイノリティの人間の体験は言葉にしにくいんだ、と。だから、今こうやって喋っていることは意味のあることだと思います。どうやったらより多くの人に伝わるんだろう?って徹底的に考えることが大事ですよね。

でも、多様性って、理解できなくても受け入れなきゃいけないものじゃないですか。田中さんが仰ったように、犯罪者にも人権はあるので、やっぱりテロリストの気持ちは理解しようと思ってもできないかもしれないけど、一人の人間として受け入れないといけないし。

田中 合理的配慮も、「配慮」も問題ですが、「合理的」という言葉が、受け入れやすいものだけを「合理的」としてしまうような響きがあると思うんです。いま、社会全体が貧しくなってきて、みんな余裕がなくなっているなかで、合理的っていう、「認識に依存している言葉を使ってしまうのは怖いなと思います。義務化されたとしても、社会側の認識自体が不正義に偏ってしまっているとしたら、そこをどう修正していけるのかというのは大きな課題だなと思いますね。

MORIKO　そうですね。合理的配慮は英語で言うと、「reasonable accommodation」ですけど、合理的かどうかをラショナル（rational; 理性的）かどうかで判断しちゃってるところが多いと思うんですよ。短期的な経済合理性を優先してしまうのではなく、障害のある人の視点が入った方が人類社会にとっては合理的だよねというふうに、みんなの考え方が変わっていくといいなと思います。みんなで話し合って、合意形成を少しずつして、長期的に考えていくことが一番大事だと思ってます。

田中　うん、そうですね。

MORIKO　僕は差別には「いわれなき差別」と「いわれある差別」の二種類があると捉えています。前者はただただ「キモい」とか、目が見えないからいじめるっていうもので、後者は時間がないとかお金がないとか、理由がある差別。いわれなき差別は、なくなりやすいのかな。でも、健常者も障害者もそうですけど、お互いがどこまで配慮し合うのかを最後に規定しているのが、社会の考え方や概念だと僕は思っているので、そこが少しずつ変わっていくといいなと思います。

田中　森田さんはある意味、目に見える障害がある分、見える部分が強調されてしまって、逆に見えなくなっている部分もあるのかなと思うのですが、どうでしょう。そういった意味で大事にしてほしいと思うことはありますか？

森田　見えない部分ということで言うと、わたしは絶対的に医療ケアが要る人なので、そこに今も一番難しさを抱えています。

田中　具体的に教えてもらっていいですか？

森田　わたしは二分脊椎症の障害を持っているので、トイレで全部出し切ることが難しいんです。特に、おしっこを出し切れなくて。脊椎損傷の人は、カテーテル（管）を入れておしっこを出すという方法をとっています。わたしもそれにほとんど近い状態。ただわたしは感覚が残っているので、自分で出すことはできるけど、どうしても空っぽにすることができないから管を入れるんです。その管が、自分では入れられないんです。ヘルパーにやってもらわなきゃいけない。でも、日本の法律では看護師と医師じゃないとだめなんです。ヘルパーは一応、やっちゃだめ。あと、三親等以内の親族じゃないとだめってことも法律で決められていて、わたしはもういい年ですけど、まだ母の手を一日二回借りてやっている。

外泊になると、この問題がいつもついてきて、看護師を探さないといけない。これはあまりにもイレギュラーなので、なかなか理解されないんです。たとえば、最悪の選択肢として、膀胱ろう[1]を付ける方法があるにはあるんですけど、わたしはあまりにも体が曲がっているので、それをした後にどうなるかわからないから、決断できない。たとえば、将来親が亡くなることを考えたら、その選択肢もあるかと思いつつ、自分の障害と、どうなるかわからない選択肢とを天秤にかけなきゃいけないのか、という葛藤があります。

今、大阪に住んでいるので、東京や地方に仕事で行くとなると、カテーテルを入れないといけない。前は、それこそ自分で何とかしなきゃと思ってて。自分で病院を探して、最悪、救急に駆け込んでたんですけど、これはわたしだけが頑張る問題じゃないなって、最近やっと思うようになりました。誰かに一緒に探してもらうとか。でも、まだお金の問題が解決してなくて。たとえば仕事の依頼を受けて行ったとしても、このカテーテルは追加のお金になってしまうので、誰がペイするのか？という問題を今も抱えています。すごく見えにくいし、でも生死に関わる。わたしの一番難しいアクセシビリティはそこです。

田中 だから、森田さんをアーティストとして呼ぶ場合、アクセシブルな宿泊施設や稽古場を用意すること以外に、本当はそういったケアもカバーされるべきですよね。

森田 そうです。

田中 でも、そこを想定した予算組みは文化芸術においてはなかなかされないでしょうね。

森田 難しいですね。

田中 なるほど。山崎さんはどうですか？

山崎 わたし自身は、聞こえないという状況なんですけれども、何もしていないと外見からはまったくわからないんです。「ここに聞こえない人がいる」ということが知られないので、人に自分の状況を伝えなきゃいけないのって、ちょっとモヤモヤというか、嫌で。本当はみんなと同じように舞台を観に行きたいけど、「わたしは聞こえないので、サポートをお願いします」と事前に伝えて、そこからじゃないと始まらないというところがあります。

わたしが大事にしたいのは、「自分が一番求めているものを絶対に伝える」ということなんです。たとえば、舞台を観に行くとき、一番簡単なサポートは、台本を貸し出してもらって、事前に読んで覚えることだと思うんですけど、それって結構ネタバレになる。そして、事前に台本を読んだからといって、実際の舞台を見てどんなことを喋っているのか全然わからないんです。「台本でこういう流れだったから今この場面かな」とか、想像を

1 膀胱にカテーテルを入れ、尿道を介さずに排尿をする外科的処置。

しながら見ています。台本の内容を忘れてしまうことも多いです。なので、最初から「台本貸し出しをお願いします」と伝えちゃうと、台本を貸し出せば十分楽しめると思われてしまうところが、実はあります。本当は楽しめてないのに。やはり一番求めているものは必ず表明していきたいなと。それを諦めないことを大事にしたいなと思っています。

先ほど出た合理的配慮の話で、たとえば字幕を付けるためには何十万という費用がかかるんですが、わたし自身は合理的配慮をお願いしたときに、字幕を付けるのに対応したらその会社がお金がなくて潰れちゃうくらいなら別ですけど、そうでもなければきちんとやりなさいよ、と思っています。やれることはやってくれみたいな、強気な部分もあります。だから、お金があまりない小さな団体には、国や自治体がどんどん支援をしてほしいなと思っています。

田中　MORIKOさんも、目が見えないことが他人からわかりづらいかと思うんですが、そのことでモヤモヤすることはありますか？

MORIKO　いっぱいありますね。

田中　どういうふうに対応してますか？

MORIKO　うーん。自然に。「心のバリアフリー」っていう言葉が好きじゃない人が多いみたいなんだけど、たとえば白杖を持っているかいないかで、明らかに接し方が変わる。「あれ、こいつ見えてるんじゃないの？」「でもなんで白杖を持ってるの？」みたいな。そういう態度も、僕はバリアだと思ってるので、思うところはいっぱいあります。

そこで、やっぱり雇用と教育が変われば、僕の今の思いもそうですけど、他の方の思いも解消されるなと思っていて。結局、医療的ケアを企業がどこまでつけてくれるかっていうのも、たとえば、企業が出すものにすべて手話通訳が付きますと。

ドラッグストアもコンビニも、飲食店も、どこもかしこも全部手話通訳を付けるって、めっちゃお金かければできることじゃないですか。それを企業やお店が当たり前のようにやっていたら、子供たちも「何で手話通訳の人がいるの?」と疑問を持って、「耳が聞こえない人がいるからだよ」って、当たり前に伝えられると思うんですよ。でも、社会はそうなってないじゃないですか。今「インクルーシブ教育」と言って、頑張ってやろうとはしてますけど。やっぱり大人が全然できてない状況で、いきなりやるのはなかなか難しいと思う。

そのなかで、これは超個人的な話ですけど、僕がやってるヒップホップ、ブレイキンは、「Peace, Love, Unity, Having Fun」を目的にやってるんですよ。資本主義の社会がお金で駆動しているところを、僕のやってるカルチャーでは、平和と愛と結束と楽しむことを目的にしている。こういう価値観がもっと広がっていったらなと思ってます。

田中 一昨年、アメリカで調査をしていたときに、やっぱりエイブリズムがアクセシビリティの一番の敵だなと感じました。エイブリズムって、それこそ資本主義とか効率とか能力とか、健常者を中心にした考え方ですけど、結局、コンテンツにいくらアクセシビリティがついたところで、そこで伝えている価値観が健常者のものだったら、それだけでは全然アクセシブルとは言えないんじゃないかと。エイブリズムな考え方を広めるために字幕とか音声ガイドを付けてどうするんだって思ってしまう。

MORIKO それ、テレビに言ってやってくださいよ!

田中 だからアクセシビリティを広めるのと同時に、当事者がコンテンツをつくる流れがもっと生まれないといけないと思っています。

いまは観客としてのアクセシビリティがフォーカスされていて、それもすごく重要だし、それがないと裾野は広がっていかないと思うんですけど、一方で、たとえば、監督や演出家、振付家なんかにも当事者が必要だと思うし、もっと言えば、照明さんとか、音響さんとか、そういうあらゆるポジションに当事者の人がいる状況をつくっていかないと、本当の意味でフェアなクリエーションにはならないと思うんです。

　みなさんそれぞれの活動のなかで、アクセシビリティに関して、自分にとって重要な課題や、良い事例があれば教えていただけたらと思います。

MORIKO　具体的なことは、いっぱいあるんですけど。結局、自分が求める最上級の配慮って得られることはないと思うんですよ。求めていることを全部通してくれることはないじゃないですか。そのときに僕がやってるヒップホップが役立つんです。ヒップホップって、貧困で、社会的に虐げられているところから生まれたカルチャーなんですよ。貧しくて、奴隷みたいな労働をさせられて、ギャングの抗争がヤバくても、どうやって自分たちが楽しく生きようかって。これって、海外でよく言われる「ハビリテーション」[2]に近いと思っていて。日本でよく言われるリハビリって、いかに元の状態に戻すかっていう意味なんですけど、僕の視力はもう戻ってこないし、みなさんもマジョリティのように歩けるようになったり、いきなり完全に聞こえるようにはならない。だから、そのなかでどうやって快適に暮らすか、楽しむかへの配慮がほしい。

　たとえば、広い会場で僕の位置からステージが見えないんだったら、手元にiPadを置いてもらって、そこで見えるようにしてもらう。これは演者側で入るときもそうです。手元で見られて、拡大もできて、読み上げもできたらいいな。踊るなら、一緒に出演する見える人に細かな振り付けを手で触って教えてもらったり。「足は後ろにかけるんじゃなくて、前にかけてるんだよ」と言葉で教えてもらったり。

森田　創作現場では、たとえば、車椅子だと舞台に上がれない劇場があったり、狭かったり、裏も混み合っていたりっていうのはたくさんあるので、これはもうどうしようもないし、関わる人数を増やして、変えていくしか方法がないと思っていて。裏方も含め、「障害のある人がここにも存在するよ」ということが想定されてないから、そういうつくりになっている。

わたしは今、NPO法人DANCE BOXの「Mi-Mi-Bi」というカンパニーで活動してるんですが、視覚に障害のある人も聴覚に障害のある人も、高齢な方もいるなかで、たくさん稽古を積んで本番を迎えることがよしとされている舞台の世界で、それに適応しない人が出た場合、どんな時間の過ごし方をするか、どういう組み立て方をするかを考える局面に立っているんです。そこでモヤモヤ……というか、どうやって成立をさせるか、わたしたちもまだ答えなんて持ってない。

障害のある人とない人とでは、時間の流れ方が違うじゃないですか。そこも理解されにくいなって思う。やはり世の中には、どうしても定型の人たちの時間が流れていて、その時間の流れのなかにわたしたちは身を置かないといけない。「常識」みたいなものをわたしも持っているから、普段その時間のなかで生活していかないといけなくて、そうじゃない人たちと出会ったときに、「本当にこのやり方でいいのかな」と、すごく揺さぶられるんです。

あとは、創作現場の空気。今まで舞台もテレビもそうだったと思うんですけど、非常にトップダウンでやってきたので、わたしたちが下からもの

2　障害のある個人が持っている機能を生かして日常生活でのスキルや機能を獲得し、維持し、向上させることを目的としたプロセス。

を言うことってすごく難しい現場が多かった。でも最近はハラスメントの問題も明るみになって、少しは和らいでいくのかな。

去年、韓国で演劇を観たんですが、障害のある人たちが創作現場について語るっていう内容だったんですよ。そのときに彼らは一人ひとり、「わたしたちと演劇をするためにこれを守ってください」といったことを十個ぐらいずつ持ち寄って、観客と一緒に読むっていうスリリングな経験をしたんです。わたしたちも揺さぶられるんですよ。

田中 たとえば、どういうことが語られてたんですか?

森田 「バリアフリーであること」とか、「作品について話す時間がほしい」とか、「配役が障害をどう扱っているか、ちゃんと話そう」とか。「練習五〇分につき一〇分の休憩をください」とか、細かなことまで全部。求めている内容は、人によって違うんです。

そのとき、「わたしだったらここまで言えるかな?」ってすごく考えさせられたんです。それは、言うことが大切とか大切じゃないとかではなく、わたしたちも自分自身で気づいてないことも多くて、「求めているものがあるからいいや」と思ってしまってるところもあるなと。たとえば、わたしが歳をとって障害が重くなった場合、どう変わっていくんだろう?って。障害って一つじゃないし、グラデーションで変わっていくから。そうなったとき、わたしは「やるか/辞めるか」の二択じゃなくて、どうしたらいいのかなと思うし、先ほど話した現場でもどう扱っていくのかなって考えているところですね。

田中 確かに、各業界のつくり方って確立されていますよね。舞台業界は、本番に向けて小屋(劇場)入りからだいたい何日で本番があって、それまでにどのくらい稽古があって、演出家が上にいて、こういうスタッフがいて。それ自体が、健常者前提ですよね。本当はそこから考えていかないといけないのに。障害のあるキャストを呼んでも、つくり方は変わらないのがこれまででしたね。

森田　そうだと思います。すごく難しい。そこで「使える障害者」と「使えない障害者」という差別になりかねない。

MORIKO　完全になってますね。

田中　そこに乗れてる人だけが、表に出ている状態ですよね。

森田　そうです、そうです。

MORIKO　僕は、わがままだと思っても、細かな配慮も、これからはもっと言っていった方がいいと思うんです。今ある仕事は、どんどんＡＩやロボティクスに変わってくると思う。そのときに、たとえば、個人の特性もデジタルな情報として可視化されて、「二〇分休憩がほしい」、「これを理解してほしい」っていう細かな配慮ができるようになると思うんですよ。新しい時代だから、今の段階で言えることは言って、どんどん変えていった方がいいかなと僕は思います。

中谷　そうですね。わたしは小劇場系の舞台美術のお仕事をさせていただくことや、パフォーマンスで舞台に立つこともあるのですが、やっぱり「使える障害者か、そうじゃないか」で見られていることをめちゃくちゃ感じて。いつもそれが本当につらくて……。定型の人の時間の流れに合わせることがすごくある。

たとえば、集合時間が朝早い。通勤ラッシュ時は、感覚過敏がつらくて電車に乗れないんですけど、そういうことは配慮されない集合時間になっていたり。どうしても頑張れなくて「搬入の車に乗せてほしい」ってお願いしたことがあったんですけど、あんまりいい顔はされませんでした。「えっ、電車も乗れないの？」と。感覚過敏が強いので、長時間電車に乗ると吐き気がしてきて、最後の方は吐いちゃうことが多いんです。「稽古場を変えてほしい」って申し出るのも、「使えない障害者でごめん」と思っちゃって。

配慮しよう、理解しようって気持ちを持ってくれるのはありがたいんですけど、知識がないことによって「わがままじゃない?」という空気になってしまうことを感じます。

他にも、即レスしなきゃいけないことが求められるなかで、精神的にだめで返せないときもあれば、頭が回らないから言葉が出なくて、返事できないときもあるし。精神的にわーってなってるときに言葉を返すと、よくない言い方をしちゃう。そうならないように、時間を空けることがあるんですけど、「めっちゃ返事遅い」と思われて、わざわざ説明もできなくて困る。美術の場合は一人でやれることが多いんですけど、舞台の場合、複数人でやるときに難しさを感じるので、みなさんのお話を聞いて同意するし、やっと自分も困っていることに気づけたなと思いました。

田中 山崎さんは、三人とスタンスは違うと思うのですが、どうですか?

山崎 そうですね。わたしは鑑賞者の立場から、障害のある方々が文化芸術に深く関わることでアクセシビリティが変わっていくことを心強く思っていたんですが、今、お話を聞いて、みなさん闘っていらっしゃるんだなと改めて感じました。

森田さんが韓国の演劇の話をしてくださったんですが、そういった自分が求めているものを気兼ねなく語れる場所が必要だと感じます。わたしも字幕のチェックの場では思ったことを言えますが、聴者のなかで「この字幕がわかりにくい」と言うと、「せっかくつくってもらったのに、なんでわがままなことを言うの?」と思われるんじゃないかと、ちょっと怖かったりもします。当事者の感覚を言える場所、受けとめてもらえる場所が必要だなと、今日のこの場所もそうだなと思いながら聞いておりました。

田中　先ほどMORIKOさんが、ＡＩの話をされていましたが、アメリカだと、ＡＩができるアクセシビリティも増えています。たとえば、音声描写のナレーションは合成音声も増えているし、ＡＩでテキストからつくることもできるようになりつつある。そのなかで、ＡＩにはできないことって、重み付けすることだと思います。平たく情報が並んでいるなかで、何が重要なのかは人が決める必要がある。でも、人なら誰でもできるわけでもないと思っていて。やっぱり対話をしていかないといけないんだなと感じます。

最後に、個人的な話に戻りたいのですが、小さなことでもいいので、心を動かされたアクセシビリティに関する具体的なエピソードがあったら教えてほしいです。

わたしから例を挙げると、アメリカで学んだ「crip time」っていう考え方。森田さんも話されていた時間の話と関係するんですが、障害のある体は障害のない体とは違う時間を生きている、という考え方なんです。ある障害のあるアーティストのスタジオを訪問するときに、カレンダーが送られてきて、そこに「僕はcrip timeを生きてるから、直前で体調不良なんかでだめになる可能性があるけど、それを踏まえて予約をしてね。その代わり、僕もあなたの時間を尊重するよ」と書かれていたんです。それはすごくいいなと思った。予定が変わるかもしれない不安もあるけど、いろんな可能性を含めて関係性を結ぼうとしているのがいいなと思った例でした。

MORIKO　ヒップホップにも、B-BOYタイムがありますよ。昨日ちょうど海外の友達が来てそういう話になったんです。ヒップホップって五十年前に生まれたカルチャーだから新しくて、ちょっとポスト資本主義的だなと僕は思っていて。ちょっと遅れますっていう（笑）。いままでマジョリティの健常者が「わがまま」と見做していたことを、わがままじゃなくて、合理的なことだよね、リーズナブルだよね、と理由付けしていく作業。それがヒップホップの活動をする一つの意義だとも感じています。

中谷 自分の個展のことで恐縮なんですけど、わたしが精神疾患になって、社会の障害に困るようになったのが大体四、五年前くらいで、美術館や舞台にいろんな理由で行けなくなったときに「美術って、つくるのも見るのも、健康な人のためなんだな」と感じてつらい時期が長かったんです。だから、自分の個展では、一番症状が出てつらかった自分が来られるような精神・発達障害の人のためのアクセシビリティを考えて実践したんです（二七四頁参照）。そういう、すごく限定的なアクセシビリティを考えて実践したら、たくさんの人に受け入れてもらえた。展示内容がケアのことでもあったので、その内容とアクセシビリティの環境があるというのを知って「自分は今、体調が悪くてつらいから、あなたの展示を見に来ました」と言ってくれた人が何人かいらっしゃったり、健常者と呼ばれるいろんな方々にも「展示が見やすくていい」「居心地がよかった」と言っていただいて。アクセシビリティが増えない、受け入れられないと思っていたことが、やってみたらたくさんの人に届いたのが嬉しくて、前向きに考えていけそうだなって気持ちになっています。

田中 精神障害や発達障害の人に向けてだけではなく、もっといろんな人に伝わる可能性があるってことですよね。

中谷 そうですね。直近の展示では、その個展で精神・発達障害のためのアクセシビリティとして考えたことを引き継いで、展示をした地域の大学生たちとワークショップをしたんです。そのときに出た鑑賞の困りごとや、こういうのが不快だよっていう話が、自分と一致していることが多くて。精神・発達障害と健常って分けなくてもつながる部分がいっぱいあるんだなって思えたことが、希望でした。

森田　よく言われていることですけど、コロナ禍を経験したので、オンラインアクセスができるようになったのは大きい。良いところも悪いところもあると思いますけど、それでもやっぱりアクセスしやすい手段が追加された。お腹の話ばかりで悪いんですけど、最近お腹の調子を崩すことが増えて、催し物やミーティングに行けない状況のときに、オンラインがあるだけで代打を打てるようになったのは、わたしには非常に大きい。そこで関係が切れず、情報が遮断されずに済んでいるので。そういう意味では、誰もが一回、そういう(物理的に接触できない、隔離された)状況を経験したことは、すごく大きかったんじゃないかなと思います。

山崎　わたしは舞台を観に行くときに、アクセシビリティがないところに要望を出して行くことが多いんですが、昔は「台詞が聞こえないのでこういうサポートをお願いします」と言うと、「それは対応できません」と即断られたんですね。それが今、相手が「こういう理由だから今回は難しい」と言うようになって、対話が少しずつ増えてきたなと感じています。

たとえば、相手が「今回は制作費が少ないので、字幕をつけることが難しいです」という内情を伝えてくれると、自分としても「ああ、そういう状況なのか」と。「でも今度、こういった助成金があるから、助成金でサポートをつけることを検討してもらえませんか?」というふうに次につなげやすくなりました。まだまだ、すぐ断られることも多いですけど、積み重ねを大事にしてくれるところも少しずつ増えてきました。

田中　なるほど。根本的なところに戻ると、人として付き合っていくってことですよね。「健常」という枠がすごく狭いなと日々感じるんです。健常であることを取り繕えるような安定した精神と能力を持っている人だけが社会に出ている状況だなと。そこから外れている人が勝手に「障害」と呼ばれ、分けられ……。それが、社会の行きづまりにもつながっていると思うし、社会全体が変わっていくためには、人のあり方の幅みたいなものをいかに許容できる社会にしていくのかということに尽きるなと思うんです。すごく大きい話なので、ひとりでやれることではなく、みんながそれぞれできることをやるしかないと思ってはいるんですが。そのなかでも、わかりやすい例ばかりがどんどん取り上げられるので、当事者からは「声を上げることにも疲れた」という声も聞こえてきます。

MORIKO　うん。もう、病んじゃう。そもそも日本の障害者と健常者のバランスがなかなか特殊ですよね。日本では障害者が人口の約七・四パーセントと言われているけど、世界の人口のなかで障害者は約一五パーセントです。バグが発生していて。日本では、他者に受け入れられやすいように、すごく分厚い仮面をかぶらなきゃいけなくなっちゃってる。

森田　そうですね、本当に。

田中　日本には本来グレーなものを受け入れてきた文化があるはずなのに。

今日は、「あいだ」の話をしたいと思って始めたのですが、やっぱり障害の目に見えない部分や、言葉にできていないこと、知っているようで知らないことがたくさんあるなと改めて思いました。違いだけでなく人であるという共通点を意識して、みなさんの生きられた経験について対話できる場がまだまだ必要だなと感じます。今日はありがとうございました。

＊この座談会は二〇二四年二月一三日に行いました。

中谷優希個展『ふわふわの毛をむしる』(2023年) 会場 (OGU MAG) 風景　撮影：三野新

7

アクセシビリティの生態系

ノイズになって気づいたこと

エイブリズムとは、生産性や知性、効率など、社会的に構築された規範にもとづいてそれを満たさない人を差別することとされる。日本語では「健常者中心主義」と訳されることも多いが、エイブリズムは、障害のない人だけでなく、障害のある人にも内面化されていると言われる。残念ながら日本では国連から勧告を受けるほどインクルーシブ教育が遅れているため、障害のない人だらけの社会で生きていると、あまりにもそれが当たり前になりすぎて、自分がエイブリズムを持っていることにすら気づけない。しかし、多かれ少なかれ誰もが確実に持っている。そこで、わたしが支援員として働いていた障害のある人が通う施設で出会った、ある人との話をしたいと思う。

いつも同じ色の服を着ている二十歳のSくんは、初日はわたしが大人しく他の支援員と行動をともにしていたせいか、わたしの存在を気にも留めていない様子だった。しかし次の朝、彼はいつもの部屋に入ってきて、わたしの顔を見るなり、

「ヒーーー！　また出たな！！」

と甲高い声で叫んだ。そして、わたしがSくんにその日のスケジュールを伝えると、

「いやいやいやいやいやいやいやいや」

と叫んだ。その時、わたしは何も考えずに、「なんで?」とか「何が嫌?」などと聞いてしまっていた。何度か叫び声を上げながら、他の支援員さんの助けを借り、彼は落ち着くことができた。

しかし次の日の朝、わたしを見ると、

「ヒーーー! また出たな!!」

その後もそれはしばらく続いた。その間わたしは、Sくんが毎日行っているボールペンの組み立てをするたびにここぞとばかりに褒めたり、彼がいつも携帯で動画を見ているゲームの話題を振ったり、仲良くなる方法を模索していた。Sくんは毎日同じバスに乗ってやってきて、同じ作業を同じ場所で行い、同じ時間に帰っていく。少しでも予定外のことが彼の世界に侵入すると、パニックになってしまう。わたしはそのノイズのひとつだった。

Sくんは診断的には、知的障害と発達障害があるとされ、新しい環境が極端に苦手なようだ。施設に通いはじめてからもう二年以上、粛々とボールペンを組み立てる作業を続けている。新しい仕事を提案すると激しく拒否するが、できる限りいろんな作業や人との交流に慣れるよう、声がけすることになっていた。でもその際も、「できない」「だめ」という否定的な言葉はNGと最初に教わった。

基本的に応答は、一つの単語で収まるシンプルなものか、アニメかゲームの台詞のオウム返し。

それより複雑な答えを求める質問をすると、しばらくフリーズした後、何事もなかったように無言で席に戻ってしまう。他の人の存在や立てる音がとにかく気になるようで、わたしが働きはじめた頃は、背の高い棚でバリケードのように三方を囲い、自分のスペースを確保していた。

一ヶ月ほどが過ぎたある朝、Sくんはいつものように部屋に入ってきた。

「おはよう」

てっきり今日も妖怪扱いされると思っていたので、その挨拶があまりに自然で、彼から投げかけられたものだとすぐには信じられなかった。そんなわたしをよそに、彼はいつものように淡々と鞄を下ろして、席につこうとしていた。ああ、彼にとってノイズだったわたしは、やっと彼の環境になれたのだな、と思った。その後しばらくしてまた新しい支援員が入ることになったときに同じことが起こったのを見ると、誰もが通る通過儀礼のようだ。男の人はさらに苦手なようで、今度は叫んで走り去った後、別のフロアの部屋に立てこもってしばらく出てこない事態となったほどだ。

その日以降は、わたしが何か新しい作業や遊びを提案しても、気が乗らなかったら、

「遠慮するよ」

と言って断ってくるようになった。相手を思いやった言い方を選んでくれていたことが感じられた。わたしが少しくしゃみをすると、即座に「大丈夫？」と声をかけてくれた。

Sくんが作業に集中できない日は、ボールペンの山を小分けにして一回の作業量を明確にしたり、

視覚的にわかるように見本を見せたり、気晴らしを提案したり、何となく彼のことはわかったつもりになっていた時期のことだった。集中すると作業は速く的確な彼は、一日にこなすボールペンの作業量を順調に増やしつつあった。いつかは就労してほしいという両親の希望は、このままいけば環境の調整次第で叶うかもしれないとも思われた。そこで、「じゃあ今日六箱やったから、明日は七箱やってみましょうか」と声をかけてみた。わたしは量が増えた場合の時間配分まで想定して、勝手に万全のつもりだった。しかし、

「いやいやいやいやいやいやいやいやいや」

例の拒否が始まってしまった。

「Sくんならできるよ」

「できない」

「みんなSくんを応援してるよ」

「誰もしてない」

押し問答が続いた。ほとぼりが覚めた頃にまた聞いてみたが、反応は同じだった。そしてついには、

「田中さんはダメだな」

と言われてしまった。

しばらくして、彼にとっては「できる」も「できない」も同じ意味なんだということに気がついた。

自分が決めたわけではない基準にもとづいて、それに当てはまるかどうかで評価される。そんな

とき、突然姿が見えない「みんな」が登場してくる。やけにその部分だけ会話のやりとりがスムーズなところを見ると、これまでも他の多くの大人から同じように励まされたり咎められたりしてきたのだろう。

そもそも、より多くより速くできることが正しいわけではないし、誰もがそれを望んでいるとは限らない。それまでいろんな障害のある人と活動をしてきて、どこか他人事のように感じていたエイブリズムが、まだまだ自分のなかにも根深くあったことに気づかされた。彼は、環境さえ整えればできる人ではなく、できる／できないで判断されたくない人なのだ。

こちらの思うSくんが目指すべき方向を急いで押し進めても、それはSくんの意思ではない。Sくんをそのまま受けとめようと決めてからは、阿吽の呼吸で過ごすことができるようになった。大きな声を出すなど生理的に嫌なことはしない、根拠なく励ましたり、勝手な期待をしない。Sくんのタイミングを尊重する。容量オーバーの時はしばらく放っておく。それらのことで平和は保たれた。そして彼も、気持ちが処理できなくなるとロッカールームでしばらくクールダウンするという対処法を身につけていった。そびえ立っていた背の高いバリケードも、帰った後に少しずつ取り外すと、翌朝何ごともなかったかのように受け入れ、ついには何にも囲まれずに過ごせるようになった。

今振り返ると、あの状態こそ「ネガティブ・ケイパビリティ」[1]と呼べるものだったのではないかと思う。つまり、すぐに価値判断をせず、一旦宙吊りにしてそのままの状態を受け入れること。自分の時間軸で焦っても何も進まない。相手の時間に身を任せて、少しずつ変わっていく変化を逃さずに受け止めるしかない。

福祉の現場には、そういった状態が溢れている。そこにいる人を解像度高く見て、その人に合わせたコミュニケーション方法や環境を考える状況には、特に合理的配慮を考えるための示唆的な学びがたくさんあった。何が「合理的」かという価値観さえ揺るがされることがあることも含めて。

その後、二年以上同じ作業を続けてきていい加減飽きてきたのか、最近Ｓくんの作業量がガクンと落ちているようだ。そのなかで、彼が将来どうなっていたいのか、何をして生きていきたいのかは、誰にもわからないままだ。Ｓくんの辞書に「未来」や「目標」という抽象的な概念は存在しない。彼が無理をしないでいられるやり方で、どう将来への意思を引きだすことができるのかは他の支援員とも話すが、なかなか答えは見つからない。それはもはや、彼ひとりの問題でもなく、いま彼が入っていくことができない「社会」が、どう別のあり方で存在しうるのかということだとも思う。

1　イギリスの詩人キーツが提案した概念。容易に答えの出ない事態に耐える能力とされる。

ケアすることから生まれる――中谷《なかや》優希《ゆうき》さんと杉浦《すぎうら》一基《かずき》さん

目には見えない障害

アクセシビリティを考えるとき、取りこぼされてしまいやすい人たちのなかに、精神障害や発達障害の人たちがいる。目に見えない困りごとが多いため、支援の必要性が認識されづらいのが大きな理由と言えるだろう。実際に行われている施策も少なく、本人の努力や忍耐で支障が生じないようになっているケースがほとんどではないだろうか。あるいは、何が起こるか想定できないために、そもそも人が集まる場所から足が遠のいてしまっている人もいるだろう。

座談会に参加してもらったうちの一人である中谷《なかや》優希《ゆうき》さんは、困りごとや症状が自己責任として非難や差別される状況を日常的に目にすると話した。「鑑賞者も作り手も、あまりにも健康な人が想定され過ぎていてつらい」という中谷さんは、ケアを扱う作品を制作したり、作品を発表するときに精神障害と発達障害のある自分に必要なアクセシビリティを取り入れた実践を行ったりしている。二〇二三年に東京で行われた個展では、「最も症状が酷かった頃の自分でも来られ

個展の会場に用意されていたフィジェット。撮影：三野新

る空間」をコンセプトに、ゴザやクッションが置かれた開放的な場所で好きな姿勢で作品を見られるようにし、コーヒーや紅茶、お菓子のある過ごしやすい空間をつくった。他にも、落ち着いて見ることが苦手な人のための手遊びができるフィジェットや、心を落ち着かせることができるクワイエット・ルームは、わたしがアメリカで学んだ実践を紹介したところ、中谷さんの個展や公演に取り入れられている。

二年前に制作した『シロクマの修復師』は、動物園の檻の中で同じ場所を往復するシロクマの姿と中谷さんの常同行動[2]を重ね、部屋を往復する中谷さんがケアの実践に必要な12のステップが書かれたテキストを声に出すパフォーマンスが収められた映像作品だ。「12ステップ」とは、もともとアメリカのアルコール

2　目的なく同じ行動を繰り返すこと。ストレスや不安からくる症状とされる。

依存症の自助グループ、アルコホーリクス・アノニマス（ＡＡ）で生みだされ[3]、依存症以外にも強迫性やその他行動上の問題を抱える人たちの自助グループを中心に用いられている、回復のためのガイドラインである。それには、症状は自分の意思でコントロールできないことを認めること、他人の力を借りて過去の間違いを分析し、修正すること、新しい生活様式をつくりだし他にサポートが必要な人を助けることなどが記されている。中谷さんも作品中で、「わたしたちは、これが症状であり、これは自分の人となりではないと、このふたつを理性的に分けることを行った」と繰り返し述べている。

「伴走」という役割

ＡＡの12ステップは個人について書かれているのに対し、中谷さんの12のステップには、視点の異なる二人、ケアする人とされる人について書かれている。「わたしたち自身が傷つけ合うことは間違いであり、わたしたちが対峙すべきは症状であることを見つけ、協力していくことに努めた」とあるように。中谷さんの作品は、「伴走」として関わる杉浦一基《すぎうらかずき》さんからケアを受けながらつくられており、杉浦さんとの関係性がそこに色濃く反映されているのだ。

中谷さんと杉浦さんが活動を始めたのは、中谷さんが大学四年の秋頃だった。東京藝大の卒業制作を前に精神状態が極限にあった中谷さんを、杉浦さんが助けたことから始まる。中谷さんは、高校一年の時に双極性障害と診断された。しかし、本格的に受診を始めたのは大学を卒業してからだ。出会った当時、キャンパスがある取手に行くこともままならなかった中谷さんと一緒に、杉浦さんが資材の買い出しから展示の建て込みまで行った。中谷さんは、電車の中にバッグを忘れたり、財布をなくしたり、展示で使う印刷したばかりの紙を上野公園に置いてきたり、大変な状態だった。デートDVを受けた経験から、精神的に追い込まれていたからだ。今を生き延びられるかどうかという感覚が、一年ぐらいは続いていたという。また、発達障害により、事前に決まっていないことがあるとパニックになりやすい傾向もある。

中谷さんはこう語る。「まず予定を立てることが無理でした。こういう工程で作品を組み立てるとか、こういう買い出しが必要だと予定することも難しかったり、買い出しに行く体力がなくて。そこまで行くのもすごい大変で、行った後も決定ができない。そこで、杉浦さんに決定してもらう。あと、敵がたくさんいるみたいな気持ちもあったので、杉浦さんも行ける場所にはつねについていきてもらったりしました」。

中谷さんの作品として発表されるものに、どこまで他の人が介入して決定できるか、あるいはするべきか。わたしは気になって二人に質問した。すると杉浦さんは、その線引きはつねに意識

3 Alcoholics Anonymous. “The 12Step Programme”, https://www.alcoholics-anonymous.org.uk/about-aa/what-is-aa/12-steps/. Accessed 23. Feb. 2024.

していたと話す。「やっぱり彼女の作品なので、方針は決まってるけど、それをどういう素材で実現するかというところは、ざっくり方向性をもらって、何を買うか決めるまで具体化していく。選択肢を出しながら、『過去のこういう話からすると、多分こうじゃないかな、どう？』みたいな感じで進めていったんです。最終的な方向性は、なるべく決めないようにしていました」。

その時は、杉浦さんに「伴走」という肩書きはまだなかった。そんなふうにして作品制作を手伝っていると、中谷さんから、杉浦さんの名前を何らかの形でクレジットしたいという相談があった。少し考えた後、杉浦さんが後日提案したのが「伴走」だった。杉浦さんは、福祉の世界で使われる「伴走型支援[4]」や視覚障害者のランナーの〝目〟となりともに走る「伴走者」から着想を得たそうだ。それ以降、杉浦さんは「伴走」として作品にクレジットされている。

制作との違い

今は公私ともに中谷さんのパートナーである杉浦さんは、もともと演劇の制作を仕事にしていた。一般的に制作の仕事は、予算やスケジュールの管理、必要なものや人の手配など、制作現場が滞りなく進むための広範な役割を担う。関わる人たちの専門領域の間からこぼれ落ちそうなものを拾うことも多く、ケアと本質的に共通する部分が多い仕事だとわたしは思う。しかし、中谷さんの制作における杉浦さんの役割は、一般的な制作の仕事と重なる部分もありつつ、確実に違う部分もあると思う。それは何なのだろうか。

中谷さんと杉浦さんは普段から一緒にいるので、日常の何気ない会話にも作品に関するものはたくさんある。しかし中谷さんには症状があるため、打合せの場に考えを持ってくるまでに記憶がもたなかったり、記憶があってもその時に言葉にできなかったりする。杉浦さんは中谷さんのそういうところも頭に入れて、その情報込みで「あなたがつくりたいのはこういう感じだと思うんだけど」と考えを引きだすようにしているという。たとえば選択肢を用意するときに、作品に直接関係すること以外の周辺の情報や本人の状態も含めて関わるといった具合に。

実際に中谷さんは、トラウマや予期不安[5]で脳のリソースが大きく占められているとき、記憶が保持できないことが多々ある。たとえば、最初に考えていたことが変化していったときに、途中の記憶がなかったり、逆に原点を覚えていなかったりということがよくあるという。

杉浦さんはこう語る。「作家が判断を下すという状態を、何も準備しなくても選択肢を提示すればできるのが、多分(一般的な)制作の仕事。どちらかというと、(中谷さんが)その判断をする状態に持っていけるように環境を整えるというか。安心できる環境をつくったり、その会話に至るまでにテンションを上げたり。一回散歩してからとか。判断したくないときはもちろんある

4　深刻化する社会的孤立に対応するためつながり続けることを目的とする支援のこと。
5　過去の経験から、また発作が出るのではないかと不安に感じる症状のこと。

ので、それは気をつけつつ」。中谷さんの場合は、どんな時でも同じ判断が下せるわけではない、という前提に立っていることがわかる。

もう一つ、制作の役割と大きく異なる点は、杉浦さんは作品をつくる前提ではなく、つくらないこともいいという姿勢で関わっている点だ。中谷さんの生活や人生が良い方向に向かっていくのが一番だと考えると、いつでも作品をつくることがプラスになるわけではない、と杉浦さんは話す。「もし仕事として、アーティストとプロデューサーとして関わっていたら、もうちょっとつくり続けてほしいと思うかもしれない。でも、無理にやることが、自分を追いつめることにもなる。それを無理矢理止めさせることはしないけれど、もっと広い射程、彼女の人生の時間のなかで、作品をつくる/つくらないという選択ができるよう支援することから考える感じが強いです」。

仕事をひらく

中谷さんは、「杉浦さんと出会えて自分は運が良かったが、自己責任論に回収されて孤立しがちな精神障害や発達障害の場合は特に、こんなふうに頼れる人はいないのではないかと思う」と話す。実際に人からそう言われたこともあるそうだ。でも、ここまで密接でなくても、アーティスト業務に対するヘルパー的な仕事が生まれたら嬉しいと中谷さんは考えている。実際に生活面だけでなく、中谷さんは助成金の申請書類を読んでも、たとえば「今後のビジョン」が何年後までを指しているのかなど、多くの人が何となくやり過ごす言葉の意味をどう捉えて進めていくか、手助けが必要だった。

横道さんも、定型発達者と自閉スペクトラム症の体験世界には質的差異があるため、定型発達者が省略しても理解できると判断した内容が、定型発達者同士ではスムーズに受容されても、自閉スペクトラム症がある人には届かないことがよく起こると書いている。[6] その逆もあるだろう。中谷さんは、そういった書類作成やタスク管理、自分を守るコミュニケーションの方法は「技術」だと感じるので、そういうものを共有しあえる機会が欲しいという。確かに、この社会で自分で物事を起こすために必要な公的手続きは、障害がないことを前提につくられているどころか、障害がない人でもすべては解読しきれない難解さになっていると言える。

わたしは、福祉の勉強をしたり仕事に携わったりするようになって、アクセシビリティとケアが一緒に語られることはあまりないが、その二つはとても近く、互いに関係し合う概念なのではないかと考えるようになった。特に、精神や発達を扱う場合においては切実だと思う。それは、身体障害や視覚障害、聴覚障害などと比べても、障害特性で対応できることからはみ出る個別性が多くあるからだ。その個別性は、時に当事者を孤立させる。だからこそ、対処法や経験を共有するピアサポートや自助グループといった活動が重要なのだろう。

6　横道誠『発達障害者は〈擬態〉する』明石書店、二〇二四年。

福祉の世界では、「中間的就労」の重要さが語られる。それは、一般企業で働くことのハードルが高くなりすぎてきた社会において、就労時間を短くしたり、作業を切りだしたり、支援を受けながらできる仕事のことを指す。障害のある人に限らず、ひきこもりの人や休職期間の長い人、心身の不調を抱える人など、そういった形で社会とのつながりを持つ選択肢を求めている人は数多く存在する。

作品づくりに関わる仕事を考えてみても、プランをつくって、予算を集め、材料や人手を揃えて制作し、発表するというその過程には、広範囲の仕事の種類と複雑な工程が含まれる。それを一人の責任でやることを当たり前とすることは、障害の有無に関わらず相当な犠牲がかかるものだ。近代以降、仕事ができることが自立であるような前提で、社会は発展してきた。そのなかで、人間性を支える生活は低く位置づけられ、仕事をするうえではまるで必要ないかのように扱われてきた。しかし、多くの人が仕事と生活のつながりに気づきはじめているように、仕事をさまざまな働き方にひらき、関わり合いながら生きる相互依存（Interdependence）の社会への転換が求められているのではないだろうか。

ケアが持つ危険性

中谷さんは、自分の障害を隠してきたわけではないが、とりわけ明確に口にしていたわけでもなかった。公に言ったのは、先述の『シロクマの修復師』であり、その作品が丸亀市猪熊弦一郎現代美術館の公募展で準大賞を受賞したときの取材だった。そこに至るまでに、杉浦さんのなかでは、さまざまな逡巡があった。中谷さんのなかでは、むしろ「言いたい」という気持ちが強いときもあったという。でもそれは、本当に意識して言っているのか、明日の中谷さんは後悔しないのか、言ったことにより返ってくる反応に準備ができているのか。杉浦さんは、中谷さんの様子を見ながらタイミングをずっと考えていた。自分が止めることが、抑圧ではないのか、発言の機会を奪っているのではないかと迷いながら。

『シロクマの修復師』の12ステップの中にも、こんな一節がある。

歩き続けるわたしが、ライ麦畑から落ちないように手を引き、しかし失敗し傷つく権利を奪わないように、触れることなく見守り、あなたはわたしが回復するための環境を整え続けた。

ケアをする立場が持つ暴力性や、ケアがパターナリズム（温情的庇護主義）[7]に陥る危険性を自覚しながら中谷さんと向き合う杉浦さんのことが語られている。

杉浦さんは話す。「難しいです。賭けなんですよ。だから、僕は絶対に間違うから、でも絶対

7　権力や能力のある者が弱い者に対して「あなたのため」という理由で、その行動に介入したり、干渉したりすること。

謝るから、間違うことを許容してくれってずっと言ってますね。自分の意思で言ってるのか確認はするけど、症状で言ってるときもあると思うから、全部受け取らないときもある。でも、本当に言ってるのに間違えて受け取らないことも絶対に起こるから、それはまじでごめんって。じゃないとできないと思うので」。

そんな杉浦さんは、人に頼ることがないまま、ひとりになる時間を設けることでセルフケアをしていたが、最近はカウンセリングに通うようになった。「セルフケアの対処法があまりないなかでは、すごく難しかったんだと思います。蓄積した傷つきや疲労は、専門家がいないと癒すのは難しいんだなと感じていて。そこでカウンセリングを勧めました」と中谷さんは話す。また、中谷さんも杉浦さん以外の他の人にも頼るようになったり、杉浦さんが中谷さんの家族に頼ったりすることも大事にしてきた。わたしは話を聞きながら、二人が一方向のケアから、周辺の人たちや専門家を含めたケアの生態系のようなものをつくっていったのだなと感じた。

中谷さんと杉浦さんといるといつも、わたしも自然とケアされている実感が生まれてくる。それは、二人が関係性をつくるときの根底に自然とケアがあるからだと感じる。そうあることが、二人のセルフケアにもつながっているのだろう。中谷さんは、「ケアすることで、主体性を取り戻してケアされることだってある」と話す。ケアをする／される関係における主体性も、決して固定的なものではないのだ。

福祉に関わるようになってわたしがもう一つ気づいたのは、福祉の世界では目の前の人だけを見るのではなく、周辺にいる家族や関係する人たちや、利用している施設やサービスなど、その人の周りに広がる関係性や環境ごとその人を見るということだ。そして、それまでの育った過程やその人を知るうえで把握しておくべき出来事も、関わる人の間で記録されていく。障害のない人同士では、基本的にそういったことは、よほど親しくない限り行われない。個として付き合うことと同時に、もう少しひとりの周辺にある関係性ごと付き合うということができたらいいのにと思う。

人の根幹に触れる面白さ

中谷さんは、杉浦さんにいまだに伴走してもらうことや、間違える可能性もありながらリスクを一緒に負ってくれることに対して、「何を返せるんだろう」と考えるという。それに対し杉浦さんは、「自分もいつ病気になるかわからないし、いつだって当事者になる可能性はあるから、その問題について考え続けたい」と以前話し、中谷さんもそれを理解した。一方で、杉浦さんにとって、それは伴走している理由の半分に過ぎない。もう半分は、中谷さんといることに対して「人の根幹のような部分に触れていることが面白いというのもある」と杉浦さんは言葉を選びながら話した。「面白いところだけ得たいと思っているわけでもないけれど、面白がっている部分は絶対にある。じゃないとここまでやってこれないし、得難い経験だと思うんです」。

そして、中谷さんの個展に、十三年ほどアルコール依存症の夫がいる女性が訪ねてきたときのことを話してくれた。最近やっと動けるようになった夫の話をする女性に、なぜそんなに長い間一緒にやってこれたのかと杉浦さんは訊いた。すると、「やっぱり得難い経験だからね」と女性はさらっと言ったという。「初めて同じことを考えてる人に出会った」と杉浦さんは思った。

中谷さんはそれを聞いて、「面白がってるって言ってくれって、すごい楽」と思ったという。「シリアスな面だけを押しつけてるわけじゃなくて、こっちから渡せるものもあるんだ。全部迷惑をかけてるんじゃなくて、面白いのも渡せてるんだとわかると、そこは楽になるんです」。

わたしも、障害のある人とただプロジェクトで関わるのではなく、家に行ったり、旅行をしたり、何気ない時間を一緒に過ごすことが多いのだが、理由はそこにある。障害のある人といることで、障害のない人の世界では想像もできない人間の葛藤や逞しさを感じることは、率直に面白いと思っている。それと同時に、彼らが知恵を絞って逞しく乗り越えなければいけない障害をつくっている社会に自分も属していることへの責任も受けとめている。「面白い」と言うことが誤解を招くことは理解しているが、それはどんな人と接するうえでも根源的で十分な理由ではないかとも思う。

環境のなかの人間

関係性をつくることの面白さについて話が進んだとき、中谷さんは疑問を投げかけた。座談会（二四七頁）でも話題になった、支援にやさしさや恩恵は必要なのかという問題だ。中谷さんは、厚意や互いの努力で成り立つ関係性を抜きにして、普通のアクセシビリティ、普通のケアされる権利があってくれたらと話す。「伴走」を個人の関係性を超えて、たとえば「アートヘルパー」といった役割として、公的に成り立たせることはできるのだろうか。

たとえば、美術や演劇の助成金は、展覧会や公演などの発表の場があることが前提の場合が大半だ。そうなると、申請者は展覧会や公演をより良く見せるために予算を配分する思考になる。しかし、「アートヘルパー」は、必ずしも公演には目に見えるわかりやすい形となって現れるものではないため、作品や公演をゴールにすると、どうしても後回しにされてしまうだろう。

ふと、最近しばしば制作現場に取り入れられるようになった「インティマシーコーディネーター」[8]を思い出した。障害のない人が尊厳を傷つけられやすいのは限られた場面かもしれないが、障害のある人への理解が不足する現状では、そういった尊厳を守る存在がつねに必要なのかもしれない。

制度で言えば、中谷さんにとって精神障害や発達障害にとってのアクセシビリティは、障害者

8　映画・テレビ・舞台などの製作で性的なシーンを扱う際に、演出側と演者側の意向を調整して、演者の尊厳を守りつつ効果的な演出につなげる役割。

手帳以外にほとんど実感できていないという。手帳があることで、無料で美術館に行くことはできる。それはタダだからよいということではなく、中谷さんの場合は、中に入ってから体調が悪くなっても、時間や日を改めてもう一度来ればいいと思えることが重要なのだ。また、行くことに不安を感じて同伴者が必要な場合も、手帳があれば同伴者も無料になるので誘いやすい。金銭的な負担がないことが、精神的な負担の軽減につながっているのだ。

精神障害や発達障害の人のアクセシビリティは環境から考えなければいけない、とよく言われるけれど、環境はひとりでつくれるものではない。また、環境はさまざまな不確定要素を含んでいて、完全にコントロールできるものでもない。環境をつくるということは、思った通りには完結しないし、つねに変化するものであることを、関わる人みんなが受け入れることから始めるのがよいのだろう。

同じように、さまざまな人が持つ個別具体のニーズに対応していくというだけでなく、人間も環境の一部として、揺らぎのある身体をそのまま受け入れるという側面も必要なのではないだろうか。それには、一つひとつの行為を、その瞬間だけでなく前後の時間や周辺の環境も踏まえてとらえる必要がある。それは、わたしたちが他者との関わり合いを意識しながら、一人ひとりと丁寧に出会っていくことから始まるのではないかと思う。

アクセシビリティから遠くにいる人たち

それでも想像が及ばない人がいる

アメリカにいた頃、ある記事に目が留まった。それは、ＡＡＣ（Augmentative and Alternative Communication; 拡大・代替コミュニケーション）を使ってコミュニケーションをとる障害のある人のブログだった。ＡＡＣとは、発話に障害のある人が、残存能力を使って自分の意思を伝えるツールを指す。たとえば、「トイレ」「ごはん」といった生活に関わるニーズから、「あつい」「すき」など感覚や感情を伝えるイラスト、そして文字が並んだボードに、視線や指差しで答える。そのブログには、ＡＡＣユーザーの筆者がクィアでトランスジェンダーであることと、世の中に流通しているあらゆるＡＡＣのアイコンに自分の性や恋愛に関する項目がひとつも含まれていないことについて書かれていた。[9]

9　Tuttleturtle. "What Does Gender Have To Do with Presuming Competence?", CommunicationFIRST, 30 Jun. 2022, https://communicationfirst.org/what-does-gender-have-to-do-with-presuming-competence/.

「わたしたちの社会は、わたしのような人が恋愛関係を築くことができるとは考えていません。そして、わたしがクィアである可能性など、まったく考慮していません。わたしたちＡＡＣユーザーは、人間ではないものとして扱われ性を奪われる一方で、同時に異性愛者でシスジェンダーであると仮定されています。わたしたちが性的指向やジェンダーを理解できないと仮定しながら、異性愛者でシスジェンダーに違いないと考えられています。このことが矛盾していることは、どうやら問題ではないようです」

そしてその筆者は、自分の性自認に合うＡＡＣをデザインし、提案していた。それを読んでわたしは、ＡＡＣを用いる人が異性愛者でもシスジェンダーでもないことを想像したことがなかったことに気づいた。コミュニケーション能力に障害があることと、性的指向やジェンダーアイデンティティには当然ながら何の関係もないはずなのに。自分の無自覚なバイアスを露わにする出来事だった。自分がそれを想像できていないままにその人と接していたら、何の疑問も持たずに男性と女性しか書かれていないＡＡＣを提示していただろう。コミュニケーションツールをつくる人の規範が、それを介して交わされるコミュニケーションの構造をつくり、あらかじめ想像できていない価値観や対象を排除してしまう危険性に背筋が寒くなった瞬間だった。

わたしは、アクセシビリティに関わる取り組みを行ったり、参加したりすればするほどに、そこに来ることさえできない人がいるということを意識するようになった。そうして、アクセシビリティについて語るとき、「みんな」や「誰もが」とは言わないように心がけるようになった。その「みんな」のなかにどこまでの人たちが含まれているかは、その言葉を使う人や受け取る人の想像力にしばしば委ねられる。またそれによって、これまで周縁に置かれてきた人たちのなかでも、そのなかに含まれやすい人と、そうでない人に分かれるという現実がある。そして、そこに含まれない人たちが必ずいるのだ。

はじめの一歩を踏み出すために

これまで地方でプロジェクトを行うとき、障害のある人のなかでも特に女性は家父長制の影響で出かけることに制限があったり、メディアやコミュニティが少ないことによって情報が届きにくかったり、交通手段も限られるためそもそも来てもらうことが難しいという現実にたびたび直面した。その現場のなかだけでアクセシビリティを考えていても、そこに来ることさえ難しい人が多くいるのだ。そういう場合は、ヘルパーや移動支援など社会制度の利用も含めて考えていく必要があるが、文化芸術と福祉のつながりはまだまだ薄い。

美術館や博物館では、施設を訪れるまでに心理的ハードルがある人への取り組みが日本でも始まっている。国立アートリサーチセンターは、「ソーシャルストーリー　はじめて美術館にいきます。」という、発達障害のある人をはじめ、美術館に初めて訪問する人、利用することに不安を感じる人などに向けた冊子を発行している。その施設での滞在がどのようなものになるのかを、入館する前から退館するまでの流れに沿って、「わたし（I）」や「わたしたち（We）」を主語に自分のこととして読み進められるようになっている。

訪れることに不安がある人が、館内の設備を把握できるように「センサリーマップ」を公開する施設もある。MoMA（ニューヨーク近代美術館）のものは、どこに何が展示されているかは何も書かれておらず、むしろそれ「以外」の比較的混雑しない静かな空間や、座って休憩できる場所のみが書かれている。東京都国立博物館でも同様の趣旨のものが発行されており、座れる場所の他に、音刺激の強い場所や光刺激の強い場所、自然光の入る場所を切り替えて表示できるため、自分に必要な情報を選択することができる。

コロナ禍では、さまざまなオンライン配信や、家にキットを送って家から参加してもらうリモートワークショップなど、工夫を凝らした試みが各地で行われた。重度障害などで家から出られない人が分身ロボット「OriHime」を遠隔操作して参加できる鑑賞会なども行われた。しかし、社会が平常に戻りつつある現在、そのうちどれくらいが続いているだろうか。コロナ禍の緊急的な対応として得られた技術やノウハウを、緊急時でなくても必要としている人たちがいるのではないだろうか。

快適さの感覚もひとつではない

一般的な展覧会や公演、イベントなどは、まだまだ障害のない人を念頭に置いて設計されているわけではないので、必要な人に個別に対応していく方法がとられている。海外の美術館や博物館、公演などでは、「センサリー・キット」という発達障害のある人に向けたバッグが用意されていることがある。中身の構成は、視覚の刺激に敏感な人に向けたサングラスやアイマスク、聴覚の刺激に敏感な人に向けた耳栓やヘッドフォン、不安からくる落ち着きのなさを解消するために手遊びできるフィジェット、体を落ち着かせるための毛布などがある。一般の人は、「アイマスクや耳栓をしてまで」と思うかもしれないが、強すぎる感覚刺激を抑えることで、落ち着いて楽しむことができる人もいるのだ。

最近は、これまで来場者に含まれづらかった人たちに向けた取り組みが少しずつ見られはじめている。しかし、発達障害や精神障害がある人に向けた取り組みは、情報保障だけで対応できないことも多く、環境そのものからつくる実践の例はまだごくわずかだ。たとえば、静かな場所で心を落ち着かせられる「クワイエット・ルーム（カーム・ルーム）」や、スタジアムや空港などで導入が進む「センサリールーム」がある。照明や音量が抑えられ、クッションなどが設置されている、落ち着ける空間のことだ。これは、感覚が過敏な人たちや精神障害のある人たちにとってのアジール（避難所）であるとともに、長時間同じ姿勢で集中を強いられる場所において、このような環境を潜在的に必要とする人は他にも少なからずいるだろう。

わたしがゲームに可能性を感じているのは、居心地の良い環境があらかじめ整えられた家で体験でき、ネットさえあれば世界中のゲーマーとつながれることが最も大きい理由だ。他にも、慣れ親しんだ家で快適にコンテンツが見られる昨今、美術館や劇場といった場所がどのように人間としての快適さと芸術性を両立するのかは、障害の有無に関わらず重要な課題ではないだろうか。多くの美術館は、トイレが少なく、多目的トイレもベッドなどがない最低限のものが一つしか用意されていないことも多い。また、託児所がないという問題を訴えるアーティストも出てきている。生理的な現象を抑え込んで発表や鑑賞をできる人だけが迎え入れられるという、閉じたエリート志向でつくられた近代の建物のあり方を見直すべきときが来ているということではないだろうか。

「みんな」は可能なのだろうか

「インクルージョン」でよく描かれるイメージは、多様な人たちが同じ場に一堂に会するものだと思うが、わたしは必ずしもそうではないと思う。たとえば、ニューヨークでミュージカル『ライオン・キング』の「Autism Friendly Performance（自閉症にフレンドリーな公演）」を見たときのことだ。「リラックス・パフォーマンス」とも呼ばれるその公演形式は、もともと発達障害のある人たちに向けたもので、彼らが落ち着いて見られるように先述のキットや空間などが取り入れられたものだ。ニューヨーク市中の教育機関や当事者団体との連携で貸し切りの形で開催された公演は、発達障害の人とその家族たちで埋め尽くされた。その結果、上演中も忙しなく立ったり歩いたりする人、叫ぶ人、椅子を揺らす人たちで、客席も騒然とした状態だった。しかし意外なことに、ほとんどの観客は、最後まで立ち去ることなく上演を楽しんでいた。一方、たまたま同席した障害のない友人は、「落ち着いて見られなかった」と不満を漏らした。

なぜ他の観客と同じ公演に彼らのエリアを設けるような形ではなく、単独のパフォーマンスとして行われているのかがよくわかる上演だった。「他の来場者に支障のない範囲で鑑賞サポートを行う」という考え方ではカバーできない人たちは、多くのアクセシブルとされる鑑賞のなかでもさらに排除されているのだ。たとえば、そこに視覚障害のある観客が音声描写を利用していたら、観客が立てる音で聞こえづらく、ろう者や難聴者向けの字幕や手話通訳があったとしても、立ち歩く人たちで見えづらかったことが想像される。つまり、「集まっただけで素晴らしい」と考えるなら別かもしれないが、内容を楽しみに来ている他の人たちにとっては、十分な環境が提供されない可能性が高い。逆に、自閉症の人たちに音を立てず座って見るよう注意を促すとしたら、それは彼らにとって通常の公演と変わらなくなってしまうだろう。

そういう意味では、分けることは必ずしも悪ではないとわたしは思う。あらゆる身体や感覚の特性を持つ人が同じものを体験する場を一度に設けることは、内容によって実現するのは難しいこともあるだろう。もちろん、できる限り多くの人を含められる機会を用意し、鑑賞者が選べる状況があることが望ましいことには変わりない。ただ、ひとつの公演で「みんな」を含めようと気負うよりも、異なる人たちに向けた鑑賞機会がさまざまに設けられ、全体を通してそのコンテンツが多様な人にひらかれていることが重要なのではないだろうか。

誰のためのアクセシビリティ？

わたしたちの社会は、人が生きるために必要なことやいるべき場所を、その人の可能性ではなく限界によって決めてきてしまったのではないだろうか。特に文化や芸術を楽しむという、日本においては軽視されがちな領域においては、アクセシビリティがあるだけで有難いと思わせてしまう状況が続いてきた。だから、障害のある人がアクセシビリティを批評するどころか、ないことに声を上げることさえも叩かれてしまう状況がある。そこには、障害のある人は知らなくてい い、あるいはわかるわけがないという、障害のない人による先入観がある。何よりもアクセシビリティの障壁となっているのは、資金不足でも人手不足でもなく、わたしたちのそういった思い込みなのではないかと思う。

それは障害のある人に対してだけではない。近代以降、分業が進み専門性が業界の中で閉じてきたのとともに、ヒエラルキーが生まれ、過程は見えないものとなっていった。それによって知識や技術は洗練してきたかもしれないが、一方で多くの人を遠ざけてもきた。アクセシビリティは、わたしたちの〝当たり前〟をほぐし、さまざまな人が参加できる入口をひらくことから始まるとも言える。それは人権と同じようにゼロサムゲームではないので、そのことによってこれまで培ってきたものの存在意義が損なわれるというものではない。

いまはまだ、障害のある人のなかでも限られた人たちだけが社会に出られている状況がある。その人たちによって、障害のある人たちが障害のない人たちの社会の彩りとして扱われる状況は少しずつ変わりつつあるが、まだまだ過渡期には変わりない。障害のある人にとってアクセシブルな社会をどんどん推し進めて社会の規範を塗りかえていかない限り、形だけのアクセシビリティが街を覆っていくだけで、根本的な社会のあり方は変わっていかないのだ。

アクセシビリティは、障害のある人のためだけにあるものではなく、障害のない人が障害のある人のこと、つまり世界の異なる捉え方や人間のあり方を学ぶためにもあるのだ。わたしはこれまで、障害のある人を目の前にすることによって障害のない人が変わっていくのを少なからず見てきて、そのことに希望を持っている。少しでも多くの障害のある人が社会に参加できるようになれば、これまでまったく接点のなかった障害のない人が、障害のある人の生きられた経験や文化に触れる機会も増える。それが実現してはじめて、互いに対等に向き合える社会の姿が見えてくるだろう。それはきっと、いまよりもずっと面白い。

あとがき

障害の話をするときに、「障害のない人も、歳をとったらみんな障害者になるんだから、障害のことを考えた方がよい」とよく言われますが、わたしはそれに違和感を持っています。自分がそうなる可能性を前提にするのではなく、その可能性が訪れなかったとしても、さまざまな違いを持つ人が同じように尊重されるのが当たり前な社会があってほしいと思うからです。

この本は、当初「アクセシビリティの入門書」のようなものを、とご提案いただきました。でも、自分に何ができるかを考えていくうちに、提供する側の一方通行なアクセシビリティがまだまだ多いこの社会において、アクセシビリティの前提から考え直すようなものにできればと思うに至りました。

アクセシビリティは一筋縄ではいかないし、障害特性だけで括れるものでもありません。そこで、「アクセシビリティの入門書があったとしても取りこぼされてしまうこと」について書きたいと考えました。本の中でも書いているように、障害のある人に会わなくても何となくつくれてしまうノウハウではなく、障害のある人の声を聞くことから始まるということを感じてもらいたかったというのがあります。

ただ、障害のない人が知らないことによる無邪気な質問に、障害のある人が何万回も答えなければいけないのは、障害のない人の怠慢だと思います。障害のある人によって書かれた本やその生を扱った映像はこれまでもつくられてきたし、少しずつですが増えています。音声描写やろう者・難聴者向け字幕がついた映画や映像も、探せばいくつも見つけることができます。本で触れられている活動のほかにも、クライミングやヨット、演劇やパフォーマンスなど、障害のある人たちが行っている個性豊かな活動に参加することもできます。入り口は、すでに開かれているのです。

生きることや人生を楽しむことについての話題になると、障害のある人ばかりがその意味を説明することを求められてきました。障害のない人が説明する必要もなく当たり前にできることは、障害のある人にとってもそうであるべきなのです。それだけの話だと思います。

では、そのことをなぜ障害がないわたしが書くのか。本の中でも触れているように、障害のない人には、障害のない人の役割があると思います。それは、社会に参加するハードルが低いことによって得られた教育や経験、培った人脈を生かして、取りこぼされてきた声を広く届けること。また、障害のない人たちが自らのエイブリズムに気づいてともに変わる機会をつくること。社会が変わっていくためには、その両面が必要なのだと思います。

わたしの実体験や想像力の限界のために、この本には含められなかった人たちが数多くいます。また、本という媒体で理解できるアウトプットにするために、言葉を使うことのできる人たちを選ばざるを得ませんでした。それでも、この本に収めることのできたみなさんの声から、少しでも未来のアクセシビリティがひらかれるきっかけが生まれればと願っています。

こうして本の形になったのは、日々変わるわたしの思考と右往左往する文章に寄り添い伴走してくれた當眞文《とうまふみ》さんと、いつもながら素晴らしいデザインに加え、読みやすさを意識してくださった畑《はた》ユリエさん、人の形が想像によって立ち上がる表紙のイラストを描いてくださった横山雄《よこやまゆう》さんのおかげです。

そして何より、本に収録した聞き書きやワークショップに参加してくださった皆さんや、加藤秀幸さんを始め、わたしに障害のある人の経験と文化を教えてくれた多くの人たちとの出会いがなければ、この本は生まれていませんでした。

もはやわたしの生活は、障害のある人なしでは考えられません。これからも多くの人と出会い、愉快な時間を過ごしながら、こうした対話を続けていけたらと思います。

この本にご登場いただいた方々の活動には、以下よりアクセスできます。
ぜひ訪ねてみてください。

P82　**AIとの鑑賞ワークショップ**

岡野宏治《おかのこうじ》　暗闇ではない不思議な世界　見えない世界のワンダーランド（1）｜ゲイリー
https://note.com/joyous_zebra614/n/n7d4b39d80db9

林《はやし》 建太《けんた》　視覚障害者とつくる美術鑑賞ワークショップ
www.facebook.com/kanshows
「みる」経験のアーカイブ　archive.totsukuru.org

真《ま》しろ　https://note.com/mashiron_dream

P159　**生きられた経験1　ろう者がつくるもうひとつの文化**

牧原依里《まきはらえり》　deafbirdproduction.com
5005公式サイト　5005place.com

P176　**生きられた経験2　“ふつう”を反転させる物語**

横道誠《よこみちまこと》　Xアカウント　@macoto_y

P192　**生きられた経験3　続けられるウェブアクセシビリティを**

伊敷政英《いしきまさひで》　障害者専門クラウドソーシングサービス
サニーバンク：sunnybank.jp

P221　**言い訳をつくらずに闘うために**

Jeni《ジェニ》　Linktree　https://linktr.ee/jenixo
バリアフリーeスポーツのニュースサイト
ePARA　epara.jp

P229　**どんな手がかりも見落とさない**

野澤幸男《のざわゆきお》　yncat.net

P239　**座談会　あいだのアクセシビリティ**

MORIKO JAPAN　morikojapan.com

森田《もりた》かずよ　CONVEY＆森田かずよ
official site　convey-art.com

山崎有紀子《やまざきゆきこ》　聞こえにくくても宝塚を楽しむブログ
https://ameblo.jp/takalove2020

参考文献

1章

●駅までの道

キム・チョヨプ&キム・ウォニョン『サイボーグになる：テクノロジーと障害、わたしたちの不完全さについて』牧野美加訳、岩波書店、2022年。

●アクセシビリティって何だろう

Finkelstein, Vic. “To Deny or Not to Deny Disability - What Is Disability?” Physiotherapy. Elsevier, 10 Dec. 1988.

United Nations. “Convention on the Rights of Persons with Disabilities.” United Nations, 12 Dec. 2006. www.ohchr.org/en/instruments-mechanisms/instruments/convention-rights-persons-disabilities.

飯野由里子・星加良司・西倉実季『「社会」を扱う新たなモード』生活書院、2022年。

川内美彦『尊厳なきバリアフリー』現代書館、2021年。

川島聡・飯野由里子・西倉実季・星加良司『合理的配慮――対話を開く、対話が拓く』有斐閣、2016年。

キム・ジヘ『差別は悪意なき人がする』尹怡景訳、大月書店、2021年。

藤井克徳「1. 情報メディアにおけるアクセシビリティ総論～障害者権利条約の批准で問われる新たな視点と方向性～」映像情報メディア学会誌/69巻（2015）9号。

2章

●音で観るダンスとは何だったのか

『Prologue volume 3』KAAT神奈川芸術劇場、2020年。

「『みる』経験のインタビュー　岡野宏治さん【後半】」、『みる経験のアーカイブ』、二〇二三年一二月一六日、https://archive.totsukuru.org/2023/12/16/post-1164/

4章

●疑似体験と生きられた経験

Shew, Ashley. “How to Get a Story Wrong: Technoableism, Simulation, and Cyborg Resistance.” Including Disability, no. 1, Mar. 2022, pp. 13–36, https://doi.org/10.51357/id.vi1.169.

ヤーコプ・フォン・ユクスキュル&ゲオルク・クリサート『生物から見た世界』日高敏隆・羽田節子訳、岩波書店、2005年。

マックス・ヴァン・マーネン『生きられた経験の探究：人間科学がひらく感受性豊かな「教育」の世界』村井尚子訳、ゆみる出版、2011年。

●アメリカで学んだ、コミュニティとともにあること

Wong, Alice. Disability Visibility: Twenty-First Century Disabled Voices. Vintage Books, 2020.

Burris, Jennifer. “BOMB Magazine | Park McArthur Interviewed.” BOMB Magazine, 19 Feb. 2014, https://bombmagazine.org/articles/2014/02/19/park-mcarthur/.

Finnegan, Shannon, and Coklyat, Bojana. “Alt Text as Poetry.” alt-text-as-poetry.net/. Accessed 23 Feb. 2024.

Jackson, Danielle A. “Carolyn Lazard’s CRIP TIME | Magazine | MoMA.” The Museum of Modern Art, 7 Apr. 2021, www.moma.org/magazine/articles/529.

Kafer, Alison. Feminist, Queer, Crip. Indiana University Press, 2013.

Grigely, Joseph. “Craptions: Instagram Notes from Joseph Grigely.” Refract: An Open Access Visual Studies Journal. vol. 2, no. 1, Nov. 2019, https://doi.org/10.5070/r72145852.

Lazard, Carolyn. "Accessibility in the Arts: A Promise and a Practice." 2019, https://promiseandpractice.art/. Accessed 23 Feb. 2024.

Merchant, Melissa, et al. "Captions and the Cooking Show." M/c Journal, vol. 20, no. 3, Jun. 2017, https://doi.org/10.5204/mcj.1260.

Norman, Max. "The Deaf Artist Reinventing Conversation." The New Yorker, 3 Feb. 2024, www.newyorker.com/culture/persons-of-interest/the-deaf-artist-reinventing-conversation.

Sins Invalid. Skin, Tooth, and Bone : The Basis of Movement Is Our People : A Disability Justice Primer. Sins Invalid, 2019.

Watlington, Emily. "Christine Sun Kim and the Deaf Artists Claiming Sound as Their Subject – Factory International." Factoryinternational.org, 7 May. 2021, https://factoryinternational.org/about/press/news/christine-sun-kim-deaf-artists-work-about-sound-captioning/.

●生きられた経験２ 〝ふつう〟を反転させる物語　横道誠さん

頭木弘樹・横道誠『当事者対決！心と体でケンカする』世界思想社、２０２３年。

中西正司・上野千鶴子『当事者主権』岩波新書、２００３年。

横道誠『発達障害者は〈擬態〉する』明石書店、２０２４年。

横道誠『みんな水の中―「発達障害」自助グループの文学研究者はどんな世界に棲んでいるか』医学書院、２０２１年。

横道誠・青山誠編著『ニューロマイノリティ――発達障害の子どもたちを内側から理解する』北大路書房、２０２４年。

横道誠・斎藤環・小川公代・頭木弘樹・村上靖彦『ケアする対話：この世界を自由にするポリフォニック・ダイアローグ』金剛出版、２０２４年。

横道誠・村中直人『海球小説：次世代の発達障害論』ミネルヴァ書房、２０２４年。

５章

●生きられた経験３ 続けられるウェブアクセシビリティを　伊敷政英さん

"Web Content Accessibility Guidelines (WCAG) 2.2." 05 Oct. 2023, https://waic.jp/translations/WCAG22/.

●ゲームはアクセシビリティの実験場

Bayliss, Ben. "The Last of Us 2 Accessibility Consultants — Advancing the Industry." Can I Play That?, 23 Jun. 2020, https://caniplaythat.com/2020/06/23/the-last-of-us-2-accessibility-consultants-advancing-the-industry/.

Schatz, Emilia, and Gallant, Matthew. "The Accessibility in Last of Us Part II: A 3 Year Journey." IGDA GASIG, 1 Oct. 2020, www.youtube.com/watch?v=5HDdino-umA&t=360s.

Stoner, Grant. "The Last of Us Part 2–A Conversation with Naughty Dog." Can I Play That?, 29 Jun. 2020, https://caniplaythat.com/2020/06/29/the-last-of-us-part-2-a-conversation-with-naughty-dog/.

７章

●ノイズになって気づいたこと

Talila A. Lewis. "Working Definition of Ableism - January 2022 Update." TALILA A. LEWIS, 1 Jan. 2022, www.talilalewis.com/blog/archives/01-2022.

●アクセシビリティから遠くにいる人たち

Tuttleturtle. "What Does Gender Have to Do with Presuming Competence?" CommunicationFIRST, 30 Jun. 2022, https://communicationfirst.org/what-does-gender-have-to-do-with-presuming-competence/.

田中みゆき

キュレーター、プロデューサー。「障害は世界を捉え直す視点」をテーマにカテゴリーにとらわれないプロジェクトを企画。表現の見方や捉え方を障害のある人たち含む鑑賞者とともに再考する。近年の仕事に、映画『ナイトクルージング』(2019年)、21_21 DESIGN SIGHT企画展「ルール?展」(2021年)共同ディレクション、展覧会「語りの複数性」(東京都渋谷公園通りギャラリー、2021年)、『音で観るダンスのワークインプログレス』(KAAT神奈川芸術劇場ほか、2017年〜)、『オーディオゲームセンター』(2017年〜)など。2022年ニューヨーク大学障害学センター客員研究員。美術評論家連盟会員。共著に『ルール?本　創造的に生きるためのデザイン』(フィルムアート社)がある。

誰のためのアクセシビリティ?
障害のある人の経験と文化から考える
2024年7月29日　初版第1刷発行

著者　田中みゆき
装画　横山雄
デザイン　畑ユリエ
編集　當眞文
p82-83 画像提供　東京都現代美術館／DNPartcom
発行者　孫家邦
発行所　株式会社リトルモア
〒151-0051 東京都渋谷区千駄ヶ谷3-56-6
Tel 03-3401-1042
Fax 03-3401-1052
littlemore.co.jp
印刷・製本所　株式会社シナノパブリッシングプレス

視覚障害、読字障害、上肢障害などの理由で本書をお読みになれない方には、テキストデータを提供いたしますので、下記までお申し込みください。

ご不明点やお困りの事がありましたら、お電話でもお問い合わせください。

info@littlemore.co.jp